완벽하게 소화하는
일본어 한자

-시험 대비 일본어 편-

완벽하게 소화하는 일본어 한자

최은준 지음

어문학사

머리말

한국과 일본 사이에는 역사 왜곡 문제나 영토 문제 등 해결해야 할 과제가 많습니다. 따라서 우리가 일본의 언어와 문화를 객관적으로 받아들이는 데에는 아직 어려움이 있습니다. 하지만 각종 매체가 발달하면서 일본의 문화와 언어에 대한 관심은 여전히 이어지고 있습니다. 과거에는 주로 일본 유학이나 직장 업무, 사업 때문에 일본어를 배우려는 학습자들이 많았던 반면, 최근에는 애니메이션, 드라마, 노래 등과 같은 문화적 측면에 관심을 가지고 일본어를 배우려는 학습자가 많아지고 있습니다.

일본어는 한국어와 어순도 같고 문법도 비슷하여, 다른 외국어보다 부담 없이 쉽게 시작하는 사람이 많습니다. 그러나 일본어를 공부하다 보면 한자 읽는 방법, 예외적인 한자 읽는 법 등으로 일본어가 생각보다 그리 만만한 언어가 아니라는 것을 실감하게 됩니다.

이 책은 다년간 일본어를 강의해 온 저자가 일본어능력시험(JLPT)과 JPT 등의 기출문제를 철저히 분석하여, 일본어 시험을 준비하는 초급 레벨의 학습자부터 고급 레벨의 학습자에게까지 필요한 모든 일본어 한자를 총망라하였습니다.

일본어 상용한자 2,136개 중 일본어 시험이나 일상 생활과 연관성이 적은 한자는 배제하고, 주요 한자 1,965개를 수록하였습니다. 또 한자의 난이도를 표시하여 자신의 수준에 맞춰 필요한 어휘들을 먼저 선택하여 암기할 수 있도록 구성하였습니다.

이 교재가 일본에서의 유학·취직 등을 앞둔 학습자와 일본어 시험을 준비하는 학습자에게 조금이나마 도움이 되길 희망하며, 좋은 책이 나올 수 있도록 도움을 주신 신선영 선생님과 어문학사 관계자 여러분께 감사의 말씀을 드립니다.

저자 최은준

C·O·N·T·E·N·T·S

학습 한자 일람표

1획 한자 (1개)

一

2획 한자 (12개)

九 七 十 人 丁 刀 二 入 八 又 了 力

3획 한자 (28개)

下	干	丸	久	及	己	口	工	才	三
山	士	子	小	女	上	丈	刃	寸	夕
千	川	大	土	亡	凡	万	与		

4획 한자 (66개)

引	円	王	化	火	介	月	刈	牛	凶
斤	区	欠	犬	元	幻	戸	五	互	午
公	今	支	止	氏	尺	手	収	升	少
冗	心	仁	水	井	切	双	太	丹	中
弔	爪	天	斗	屯	内	匂	日	反	比
匹	不	夫	父	仏	分	文	片	方	乏
木	毛	厄	友	予	六				

5획 한자 (95개)

圧	以	右	永	央	加	可	外	刊	甘
丘	旧	去	巨	玉	句	兄	穴	玄	古
功	巧	広	号	込	左	冊	札	皿	仕
史	司	四	市	矢	示	叱	失	写	主
囚	汁	出	処	召	尻	申	世	正	生
斥	石	仙	占	他	打	代	台	旦	庁
田	奴	冬	凸	丼	尼	白	半	氾	犯
皮	必	氷	付	布	払	丙	平	辺	弁
母	包	北	本	末	未	民	矛	目	由
幼	用	立	令	礼					

6획 한자 (110개)

扱	安	衣	芋	印	因	宇	羽	汚	仮
回	灰	会	各	汗	缶	企	伎	危	机
気	吉	休	吸	共	叫	仰	曲	刑	血
件	交	光	向	好	江	考	行	合	再
在	旨	死	糸	至	字	寺	次	耳	自
式	芝	守	州	舟	充	旬	巡	如	匠
色	尽	迅	成	西	舌	先	全	壮	早
争	存	多	宅	団	地	池	竹	仲	虫
兆	伝	吐	灯	当	同	弐	肉	任	年
肌	伐	帆	汎	妃	百	伏	米	忙	朴
毎	名	妄	有	羊	吏	両	列	劣	老

7획 한자 (144개)

亜	位	囲	医	応	何	花	我	快	戒
改	貝	角	完	肝	含	希	汽	技	求
究	狂	局	均	近	吟	串	君	系	形
芸	迎	決	見	言	孝	抗	攻	更	克
告	谷	困	沙	災	材	作	伺	志	私
似	児	社	車	寿	秀	住	初	助	序
床	肖	条	状	伸	臣	芯	身	辛	図
吹	杉	声	赤	折	走	即	束	足	村
汰	妥	対	体	択	沢	但	男	沖	町
沈	低	呈	廷	弟	努	投	豆	那	尿
妊	忍	把	売	伯	麦	抜	伴	判	坂
阪	否	批	尾	肘	扶	兵	別	返	芳
邦	坊	妨	忘	防	没	妙	役	余	妖
抑	沃	来	乱	卵	利	里	良	冷	励
戻	呂	労	弄						

8획 한자 (188개)

依	委	育	雨	泳	英	易	延	沿	炎
往	押	欧	殴	価	果	河	画	芽	怪
拐	拡	学	官	岸	岩	玩	奇	祈	季
泣	居	拒	拠	京	供	協	況	金	苦
具	空	屈	径	券	肩	呼	固	虎	効
幸	拘	肯	刻	国	昆	妻	刷	参	使
刺	始	姉	枝	祉	事	侍	治	実	舎
者	邪	若	取	受	呪	周	宗	叔	述
所	尚	招	承	昇	松	沼	垂	炊	制
姓	征	性	青	斉	昔	析	拙	狙	阻
卒	卓	拓	担	知	宙	忠	抽	注	長
直	坪	定	底	抵	邸	泥	的	迭	典
店	妬	東	到	毒	突	届	奈	乳	念
波	拝	杯	拍	泊	迫	板	版	彼	披
肥	非	泌	表	苗	府	怖	阜	附	侮

武	服	沸	物	併	並	歩	奉	宝	抱
放	法	泡	房	肪	牧	奔	妹	枚	枕
抹	味	岬	命	明	免	茂	盲	門	夜
弥	油	拉	林	例	炉	和	枠		

9획 한자 (175개)

哀	威	為	胃	映	栄	屋	卸	音	科
悔	海	界	皆	柿	革	活	巻	看	紀
軌	客	逆	虐	急	峡	挟	狭	軍	係
型	契	計	建	研	県	限	孤	故	枯
後	厚	洪	皇	紅	荒	郊	香	恨	査
砂	砕	削	昨	柵	咲	拶	姿	思	指
施	持	室	狩	首	拾	秋	臭	柔	重
祝	春	盾	叙	昭	乗	城	浄	拭	食
侵	信	津	神	甚	帥	是	政	星	牲

省	窃	宣	専	泉	浅	洗	染	前	祖
奏	相	荘	草	送	促	則	俗	耐	待
怠	胎	退	単	炭	胆	段	茶	昼	柱
挑	勅	珍	追	亭	貞	帝	訂	点	度
怒	逃	洞	峠	独	南	虹	派	背	肺
畑	発	卑	飛	眉	美	秒	品	訃	負
赴	封	風	柄	変	便	保	胞	某	冒
勃	盆	昧	迷	面	約	勇	幽	洋	要
律	柳	侶	厘	郎					

10획 한자 (201개)

案	員	院	益	宴	桜	俺	恩	夏	家
荷	華	蚊	害	格	核	株	陥	既	記
起	飢	帰	宮	挙	恐	胸	脅	訓	郡
恵	桁	倹	兼	剣	軒	拳	原	個	庫
娯	悟	候	校	耕	航	貢	降	高	骨

根	唆	差	座	挫	宰	栽	剤	財	索
殺	残	師	紙	脂	時	疾	射	借	酌
弱	殊	珠	酒	修	袖	従	殉	純	書
徐	除	宵	将	消	症	祥	称	笑	辱
唇	娠	振	浸	真	針	陣	粋	衰	凄
逝	席	隻	扇	栓	租	素	倉	捜	挿
桑	造	息	捉	速	孫	帯	泰	託	値
恥	致	畜	逐	秩	衷	酎	捗	通	庭
哲	展	徒	途	倒	凍	唐	島	桃	討
透	党	胴	匿	特	悩	納	能	破	馬
俳	配	倍	梅	剥	班	畔	般	疲	秘
被	姫	俵	病	浜	敏	浮	粉	紛	陛
勉	哺	捕	俸	倣	峰	砲	剖	紡	埋
脈	眠	娘	冥	耗	紋	容	浴	流	留
竜	旅	料	倫	涙	烈	恋	連	朗	浪
脇									

11획 한자 (199개)

悪	異	移	域	陰	液	菓	貨	械	涯
掛	渇	乾	勘	患	貫	眼	基	寄	規
偽	菊	脚	救	球	虚	許	魚	強	教
郷	菌	偶	掘	啓	掲	渓	経	蛍	健
険	現	康	控	黄	黒	頃	婚	混	紺
彩	採	済	祭	斎	細	菜	崎	惨	産
斬	視	鹿	執	捨	赦	斜	蛇	釈	寂
授	終	習	週	渋	宿	淑	粛	術	庶
唱	商	渉	章	紹	訟	剰	常	情	深
紳	進	推	酔	崇	据	清	盛	惜	戚
責	接	設	雪	旋	船	措	粗	組	掃
曹	曽	爽	巣	窓	側	族	率	唾	袋
逮	第	脱	探	淡	断	窒	著	帳	張
彫	眺	釣	頂	鳥	陳	停	偵	笛	添
転	都	悼	盗	陶	動	堂	得	豚	貪

梨	軟	捻	粘	脳	婆	排	敗	培	陪
舶	販	票	描	猫	貧	瓶	婦	符	部
副	閉	偏	崩	訪	望	堀	麻	密	務
猛	問	野	訳	唯	悠	郵	庸	欲	翌
理	陸	略	粒	隆	涼	猟	陵	累	

12획 한자 (193개)

握	偉	飲	運	雲	営	越	援	奥	温
過	賀	絵	開	階	街	覚	割	寒	換
間	喜	揮	期	棋	貴	欺	喫	給	距
御	極	勤	琴	筋	遇	隅	敬	景	軽
結	圏	堅	検	減	湖	雇	喉	慌	港
硬	絞	項	詐	最	裁	策	酢	傘	散
紫	詞	歯	軸	湿	煮	就	衆	集	循
順	暑	勝	掌	晶	焼	焦	粧	証	象

場	畳	植	殖	森	診	尋	須	遂	随
婿	晴	税	絶	善	然	疎	訴	創	喪
痩	葬	装	測	属	尊	堕	惰	替	貸
隊	達	棚	短	弾	遅	着	貯	朝	貼
超	痛	塚	堤	提	程	渡	塔	搭	棟
湯	痘	登	答	等	筒	統	童	道	鈍
廃	媒	買	博	斑	飯	晩	番	蛮	悲
扉	費	備	筆	評	富	普	幅	復	雰
塀	遍	補	募	報	傍	帽	棒	貿	満
無	喩	愉	湧	猶	裕	遊	雄	揚	揺
葉	陽	絡	落	痢	硫	量	塁	裂	廊
惑	湾	腕							

13획 한자 (155개)

愛	暗	意	違	園	煙	猿	遠	鉛	塩
嫁	暇	禍	靴	解	較	隔	楽	滑	勧
幹	感	漢	頑	棄	義	詰	嗅	業	僅
禁	愚	窟	群	傾	携	継	詣	隙	傑
嫌	献	絹	遣	源	誇	鼓	碁	溝	鉱
債	催	塞	歳	載	罪	搾	試	詩	資
飼	慈	辞	嫉	腫	愁	酬	準	署	傷
奨	照	詳	蒸	飾	触	寝	慎	新	腎
睡	数	裾	勢	聖	誠	跡	摂	節	戦
煎	羨	詮	践	禅	僧	想	賊	続	損
滞	滝	嘆	暖	痴	稚	置	蓄	腸	跳
賃	艇	溺	鉄	殿	電	塗	働	督	頓
農	漠	鉢	搬	煩	微	福	腹	墓	蜂
豊	飽	睦	幕	夢	盟	滅	誉	預	溶

腰	裸	雷	酪	裏	慄	虜	鈴	零	廉
賂	路	楼	話	賄					

14획 한자 (110개)

維	隠	駅	演	歌	概	閣	慣	管	関
旗	疑	漁	境	銀	駆	熊	語	誤	構
綱	豪	穀	酷	獄	魂	際	察	雑	算
酸	誌	雌	磁	漆	遮	種	需	銃	塾
緒	彰	障	精	製	誓	静	説	箋	銭
漸	遡	層	総	遭	像	増	憎	遜	駄
態	奪	端	徴	漬	摘	滴	適	稲	銅
徳	読	認	寧	髪	罰	閥	碑	鼻	漂
腐	複	聞	蔑	慕	暮	貌	僕	墨	膜
慢	漫	蜜	銘	鳴	綿	模	網	誘	様
瘍	踊	辣	僚	領	緑	暦	歴	練	漏

15획 한자 (111개)

慰	遺	影	鋭	閲	縁	横	億	稼	課
潰	確	歓	監	緩	器	輝	儀	窮	緊
勲	慶	稽	劇	撃	潔	権	稿	撮	賛
暫	餌	質	趣	熟	潤	諸	憧	衝	賞
縄	嘱	審	震	穂	請	潜	線	遷	選
槽	踪	蔵	諾	誰	誕	談	鋳	駐	嘲
潮	澄	調	墜	締	敵	徹	撤	踏	導
熱	罵	輩	賠	箱	箸	範	盤	罷	膝
標	賓	敷	膚	賦	舞	噴	墳	憤	幣
弊	餅	編	舗	褒	暴	頬	撲	摩	魅
黙	憂	窯	養	履	璃	慮	寮	輪	霊
論									

16획 한자 (69개)

緯 衛 憶 穩 壞 懷 還 館 機 橋
凝 薰 憩 激 憲 賢 興 衡 鋼 墾
錯 儒 樹 獸 縱 壤 孃 錠 親 整
醒 積 薦 膳 操 濁 壇 緻 築 諦
賭 糖 頭 篤 曇 燃 濃 薄 縛 繁
避 奮 壁 縫 膨 謀 磨 麵 藥 諭
輸 融 擁 謠 賴 隣 隷 錬 録

17획 한자 (37개)

環 擬 犧 謹 謙 鍵 嚴 講 購 懇
擦 謝 醜 縮 償 礁 績 纖 鮮 燥
霜 戴 濯 鍛 聽 謄 瞳 謎 鍋 頻
闇 優 翼 覽 療 瞭 齡

18획 한자 (33개)

額 簡 観 韓 顔 襟 顕 験 鎖 瞬
織 職 繕 礎 騒 贈 題 懲 鎮 藤
闘 難 覆 璧 癖 翻 癒 曜 濫 藍
糧 臨 類

19획 한자 (20개)

韻 願 鏡 繰 警 鶏 鯨 識 蹴 藻
臓 覇 爆 譜 簿 霧 羅 離 麗 麓

20획 한자 (10개)

議 競 響 懸 護 鐘 譲 籍 騰 欄

21획 한자 (5개)

顧 鶴 魔 躍 露

22획 한자 (3개)

驚 襲 籠

일러두기

* 한자 읽는 법은 음독과 훈독을 구분했으며 잘 쓰이지 않는 음독이나 훈독은 표기하지 않았다.

** 예외적으로 다르게 읽히는 특별한 한자는 '특'이라고 표시했다.

*** 일본어능력시험(JLPT)과 JPT에 자주 나오는 한자는 난이도에 따라 ● 모양으로 구분하였다.

●● 고급 일본어 학습자를 위한 어휘
● 중급 일본어 학습자를 위한 어휘
없음 초급 일본어 학습자를 위한 어휘

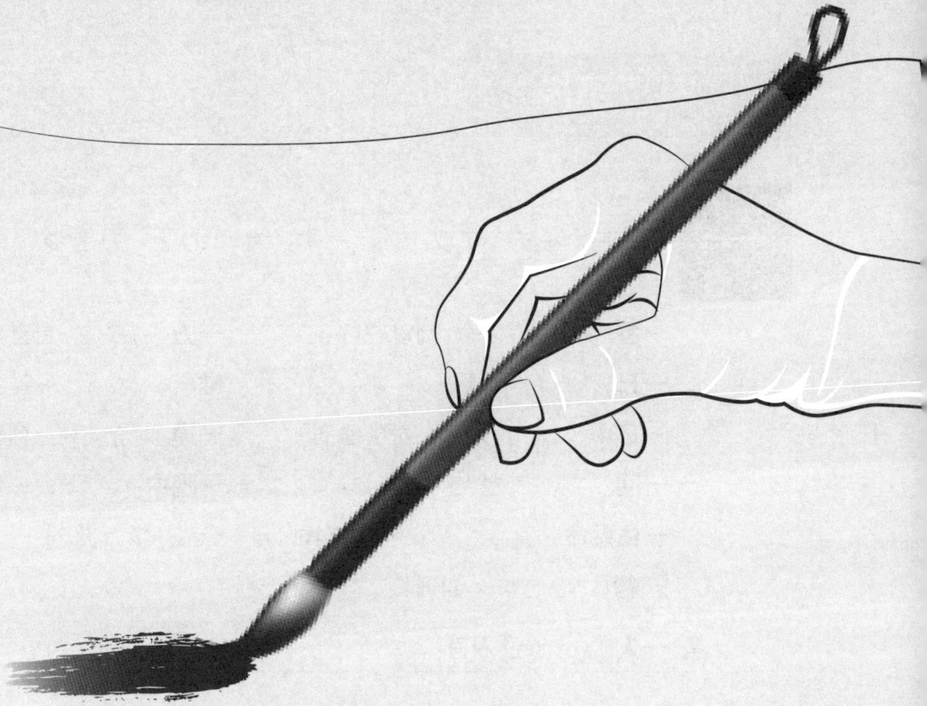

획수별로 정리한 일본어 한자

1획 한자

一

음 : イチ イツ　　훈 : ひと ひとつ

一番いちばん 가장, 제일
一日いちにち 하루
一日中いちにちじゅう 하루 종일
一回いっかい 한 번
一生懸命いっしょうけんめい 열심히
一緒いっしょに 함께
一方いっぽう 한편
●● 唯一ゆいいつ 유일
● 一通ひととおり 대충
● 一晩中ひとばんじゅう 밤새도록
一ひとつ 한 개

특 一人ひとり 한 사람	一日ついたち 1일

2획 한자

九

음 : キュウ ク　　훈 : ここの ここのつ

九百きゅうひゃく 구백
九月くがつ 구월
九日ここのか 구일
九ここのつ 아홉

七

음 : シチ　　훈 : なな　ななつ　なの

七五三しちごさん　시치고산
(어린이의 성장을 축하하는 잔치)

● 七福神しちふくじん　칠복신
(신앙의 대상이 되고 있는 일곱 명의 신)

七なな　일곱

七ななつ　일곱, 일곱 개

七日なのか　칠일

특 七夕たなばた　칠석

十

음 : ジュウ　　훈 : とお　と

十字架じゅうじか　십자가

十日とおか　열 흘

●● 十人十色じゅうにんといろ
각양각색

특 十重二十重とえはたえ
열겹 스무겹, 겹겹

二十歳はたち　스무 살

二十日はつか　20일

人

음 : ジン　ニン　　훈 : ひと

人生じんせい　인생

人口じんこう　인구

人気にんき　인기

● 人形にんぎょう　인형

● 人間にんげん　인간

● 人数にんずう　인원수

人ひと　사람, 남

● 人柄ひとがら　인품

● 人手ひとで　일손

● 人出ひとで　인파

특 一人ひとり　한 사람

素人しろうと　초보자

玄人くろうと　전문가

仲人なこうど　중매인

大人おとな　어른, 성인

丁

음 : チョウ　テイ　　　훈 : -

~丁目ちょうめ　가(街), 번지보다 크게 구분한 단위

● 丁字路ていじろ　삼거리

●● 甲乙丙丁こうおつへいてい　갑을병정

刀

음 : トウ　　　훈 : かたな

刀剣とうけん　도검(칼과 검)

短刀たんとう　단도

● 刀かたな　검, 칼

특 太刀たち　허리에 차는 칼	竹刀しない　죽도

二

음 : ニ　　　훈 : ふた　ふたつ

二番目にばんめ　두 번째

● 二重ふたえまぶた　쌍꺼풀

二ふたつ　둘, 두 개

특 二人ふたり　두 사람	二日ふつか　이틀
二十歳はたち　스무 살	二十日はつか　20일, 스무날

入

음 : ニュウ　　　훈 : はいる　いれる　いる

入学にゅうがく　입학

入場料にゅうじょうりょう　입장료

● 収入しゅうにゅう　수입

入はいる　들어가다, 들어오다

入いれる　넣다, 들어가게 하다

● 気きに入いる　마음에 들다

八

음 : ハチ　　　　훈 : や　やっつ　よう

八月はちがつ　8월
● 八百屋やおや　야채 가게, 야채 장수
● 八百長やおちょう　짬짜미, 미리 짜고서 하는 승부
八やっつ　여덟
八日ようか　8일

又

음 : -　　　　훈 : また

● 又また　또, 다시

了

음 : リョウ　　　　훈 : -

● 了解りょうかい　양해
終了しゅうりょう　종료

力

음 : リョク　リキ　　　　훈 : ちから

協力きょうりょく　협력
● 力士りきし　씨름꾼
● 力量りきりょう　역량
力ちから　힘
● 底力そこぢから　저력

3획 한자

下

음 : カ ゲ

훈 : した しも もと くだる さげる おりる

地下鉄ちかてつ 지하철
● 下宿げしゅく 하숙
● 下落げらく 하락
● 下品げひん 천함, 상스러움
● 下着したぎ 속옷

●● 川下かわしも 강 하류
● 足下あしもと 발밑
● 下くだり列車れっしゃ 하행 열차
下さげる 내리다
下おりる 내려오다

干

음 : カン

훈 : ほす ひる

● 干渉かんしょう 간섭
● 若干じゃっかん 약간

● 干ほす 말리다
●● 干上ひあがる 완전히 말라붙다

丸

음 : ガン

훈 : まる まるい まるめる

● 丸薬がんやく 알약
● 弾丸だんがん 탄환
丸まる 동그라미

丸まるい 둥글다
丸まるめる 둥글게 하다

久

음 : キュウ ク

훈 : ひさしい

● 永久えいきゅう 영구
● 耐久たいきゅう 내구, 오래 견딤

●● 久遠くおん 구원, 영원
久ひさしい 오래다, 오랜만이다

及

음 : キュウ　　훈 : およぶ　および　およぼす

- 追及ついきゅう　추적, 추궁
- 普及ふきゅう　보급
- 及およぶ　미치다, 다다르다
- 及および　및, ~와
- 及およぼす　미치게 하다, 끼치다

己

음 : コ　キ　　훈 : おのれ

自己じこ　자기
利己りこ　이기
- 知己ちき　지기, 지인
- 克己こっき　극기
- 己おのれ　자기 자신

口

음 : コウ　ク　　훈 : くち

人口じんこう　인구
- 口実こうじつ　구실
- 口調くちょう　어조
口くち　입
- 無口むくち　말이 없음
入口いりぐち　입구
改札口かいさつぐち　개찰구
- 糸口いとぐち　실마리, 단서

工

음 : コウ　ク　　훈 : -

工事こうじ　공사
工学こうがく　공학
加工かこう　가공
- 工夫くふう　궁리, 고안
- 細工さいく　세공

才

음 : **サイ** 　　훈 : –

才能さいのう 재능　　**秀才**しゅうさい 수재

五才ごさい 다섯 살

三

음 : **サン** 　　훈 : **み　みっつ**

三角さんかく 삼각　　**三日**みっか 사흘

三流さんりゅう 삼류, 낮은 등급　　**三**み**つ**, **三**み**っつ** 셋

특 **三味線**しゃみせん 샤미센(일본 고유의 현악기)

山

음 : **サン** 　　훈 : **やま**

山脈さんみゃく 산맥　　● **登山**とざん 등산

富士山ふじさん 후지산　　**山**やま 산

士

음 : **シ** 　　훈 : –

武士ぶし 무사　　●● **一言居士**いちげんこじ 일언거사 (말참견을 좋아하는 사람)

紳士しんし 신사

특 **博士**はかせ 박사

子

음 : シ ス　　훈 : こ

- 子孫しそん 자손
- 帽子ぼうし 모자
- 扇子せんす 부채
- 様子ようす 모양, 상황
- 子こ 아이
- 子供こども 아이, 자식
- 迷子まいご 미아

특 息子むすこ 아들

小

음 : ショウ　　훈 : ちいさい こ お

- 小学生しょうがくせい 초등학생
- 小説しょうせつ 소설
- 小ちいさい 작다
- 小石こいし 자갈
- 小売店こうりてん 소매점
- 小包こづつみ 소포
- 小川おがわ 작은 시내

특 小豆あずき 팥, 빨간 콩

女

음 : ジョ ニョ ニョウ　　훈 : おんな め

- 女性じょせい 여성
- 少女しょうじょ 소녀
- 女人にょにん 여인
- 女房にょうぼう 아내, 처
- 女おんな 여자
- 女神めがみ 여신

특 海女あま 해녀　　乙女おとめ 소녀, 처녀

上

음 : ジョウ

훈 : うえ　うわ　かみ
あがる　あげる

上昇じょうしょう　상승
上司じょうし　상사
上手じょうずだ　능숙하다, 잘하다
● 陸上りくじょう　육상
上うえ　위
年上としうえ　연상
● 上着うわぎ　상의
● 上回うわまわる　상회하다
●● 川上かわかみ　강 상류
上あがる　올라가다, 긴장하여 얼다
上あげる　올리다
売上うりあげ　매상
● 胴上どうあげ　헹가래

丈

음 : ジョウ

훈 : たけ

大丈夫だいじょうぶだ　괜찮다
丈夫じょうぶだ　든든하다, 튼튼하다
● 丈たけ　키, 길이
● 背丈せいたけ　신장, 키

刃

음 : ジン

훈 : は

● 凶刃きょうじん　흉기
● 刃は　칼날
● 刃物はもの　날붙이(날이 있는 연장)

寸

음 : スン

훈 : －

● 寸法すんぽう　치수, 길이
● 寸暇すんか　촌가(얼마 안 되는 짧은 겨를)

夕

음 : セキ　　훈 : ゆう

- 今夕こんせき　오늘 밤
- 一朝一夕いっちょういっせき　일조일석

夕ゆうべ　어제저녁

夕食ゆうしょく　저녁 식사

특 七夕たなばた　칠석

千

음 : セン　　훈 : ち

千せん　천

千円せんえん　천 엔

千差万別せんさばんべつ　천차만별

- 千草ちぐさ　갖가지 많은 풀

川

음 : セン　　훈 : かわ

河川かせん　하천

山川さんせん　산천

川かわ　강

大

음 : だい　たい　　훈 : おおきい　おお

大学だいがく　대학

大事だいじ　큰일, 소중함

拡大かくだい　확대

大会たいかい　대회

- 大衆たいしゅう　대중
- 大切たいせつ　소중, 중요

大変たいへん　매우, 몹시

大変たいへんだ　힘들다

大おおきい　크다

大通おおどおり　큰 길

大手おおて　대기업

- 大筋おおすじ　대략, 대충
- 大幅おおはば　대폭

大雨おおあめ　큰비, 호우

大雪おおゆき　대설, 폭설

특 大人おとな　어른

土

음 : ド　ト　　　　훈 : つち

土曜日どようび　토요일
土地とち　토지, 땅
● 土木どぼく　토목
● 土つち　땅, 흙
国土こくど　국토

특 お土産みやげ　토산물, 선물

亡

음 : ボウ　モウ　　　　훈 : ない

亡命ぼうめい　망명
● 亡なき人ひと　죽은 사람, 고인
死亡しぼう　사망
亡なくなる　죽다
● 亡者もうじゃ　망자, 죽은 사람
亡なくす　잃다, 여의다

凡

음 : ボン　ハン　　　　훈 : -

● 凡人ぼんじん　범인(평범한 사람)
● 凡例はんれい　범례
● 平凡へいぼん　평범

万

음 : マン　バン　　　　훈 : -

万一まんいち　만에 하나, 만일
● 万全ばんぜん　만전
万年筆まんねんひつ　만년필

与

음 : ヨ　　　　훈 : あたえる

与党よとう　여당
与あたえる　주다, 수여하다
● 授与じゅよ　수여

4획 한자

引

음 : イン　　훈 : ひく　ひける

引退いんたい　은퇴
索引さくいん　색인
引ひく　당기다
● 字引じびき　사전
● 引ひける　마음이 내키지 않다, 그 날의 일이 끝나다

円

음 : エン　　훈 : まるい

円えん　엔(일본 화폐 단위)
円高えんだか　엔고
十円じゅうえん　10엔
● 円まるい　둥글다

王

음 : オウ　　훈 : –

王子おうじ　왕자
● 帝王ていおう　제왕

특 親王しんのう　친왕　　勤王きんのう　근왕

化

음 : カ　ケ　　훈 : ばける　ばかす

化学かがく　화학
文化ぶんか　문화
● 化粧けしょう　화장
● 化身けしん　화신
● 化ばける　변신하다
● 化ばかす　속이다

火

음 : カ　　훈 : ひ　ほ

火災かさい　화재
● 発火はっか　발화
火ひ　불
●● 火影ほかげ　불빛

介

음 : カイ　　훈 : –

介入かいにゅう　개입
紹介しょうかい　소개

月

음 : ガツ　ゲツ　　훈 : つき

何月なんがつ　몇 월
今月こんげつ　이번 달
何ヵ月なんかげつ　몇 개월
● 月給げっきゅう　월급
月つき　달
毎月まいつき　매달, 매월

특 五月晴れさつきばれ 활짝 갠 5월의 날씨	五月雨さみだれ 음력 5월경의 장맛비

刈

음 : –　　훈 : かる

● 刈かる　베다, 깎다

牛

음 : ギュウ　　훈 : うし

牛乳ぎゅうにゅう　우유
● 闘牛とうぎゅう　투우, 소싸움
牛うし　소

凶

음 : キョウ　　훈 : –

- 凶悪きょうあく　흉악
- 吉凶きっきょう　길흉

斤

음 : キン　　훈 : –

- 斤量きんりょう　근량
- 一斤いっきん　한 근

区

음 : ク　　훈 : –

区別くべつ　구별

地区ちく　일정한 구역

欠

음 : ケツ　　훈 : かく　かける　かかす

- 欠如けつじょ　결여
  欠席けっせき　결석
- 欠かく　빠지다, 결여하다
- 欠かける　부족하다
- 欠かかす　빠뜨리다

犬

음 : ケン　　훈 : いぬ

- 犬歯けんし　송곳니
- 愛犬あいけん　애견

犬いぬ　개

元

음 : ゲン　ガン　　훈 : もと

元気げんき 건강, 기운
復元ふくげん 복원
- 元日がんじつ 설날
- 元祖がんそ 원조
- 元手もとで 밑천
- 地元じもと 현지, 마을
- 手元てもと (바로) 곁, 수중
- 足元あしもと 발밑

幻

음 : ゲン　　훈 : まぼろし

- 幻滅げんめつ 환멸
- 幻覚げんかく 환각
- 幻まぼろし 환상, 환영

戸

음 : コ　　훈 : と

- 戸籍こせき 호적
- 下戸げこ 술을 못하는 사람

戸と 문, 문짝
- 雨戸あまど 빈지문, 덧문

五

음 : ゴ　　훈 : いつ　いつつ

- 五穀ごこく 오곡
- 五目飯ごもくめし 생선·야채 등 여러 가지 재료를 섞어서 지은 밥

五日いつか 5일, 닷새
五いつつ 다섯

특 五月晴れさつきばれ 5월의 맑은 날씨
五月雨さみだれ 5월 장마

互

음 : ゴ　　훈 : たがい

- 互角ごかく 호각(우열의 차이가 없음)
- 相互そうご 상호
- 互たがいに 서로, 다 함께

午

음 : ゴ　　훈 : –

午前ごぜん 오전
午後ごご 오후
正午しょうご 정오

公

음 : コウ　　훈 : おおやけ

公私こうし 공(公)과 사(私)
公立こうりつ 공립
公園こうえん 공원
- 公おおやけ 국가, 공공

今

음 : コン　　훈 : いま

今回こんかい 이번
今月こんげつ 이번달
今晩こんばん 오늘 밤
- 昨今さっこん 요즈음
今いま 지금

특 今日きょう 오늘
今朝けさ 오늘 아침
今年ことし 올해

支

음 : シ　　훈 : ささえる

支持しじ　지지

支店してん　지점

支ささえる　받치다, 지탱하다

특 差し支えるさしつかえる　지장을 주다, 방해가 되다

止

음 : シ　　훈 : とまる　とめる　やむ

中止ちゅうし　중지

停止ていし　정지

止とまる　멈추다

止とめる　세우다

● 止やむ　(비 등이) 그치다

특 波止場はとば　부두, 항구

氏

음 : シ　　훈 : うじ

氏名しめい　성명

姓氏せいし　성씨

● 氏うじ　씨, 성씨, 가문

尺

음 : シャク　　훈 : –

● 尺度しゃくど　척도, 길이

● 尺貫法しゃっかんほう　척관법(길이는 자, 양의 단위는 되, 무게의 단위는 관으로 하는 도량형법)

手

음 : シュ　　훈 : て　た

- 手術しゅじゅつ　수술
- 手て　손
- 手伝てつだう　돕다
- 手作てづくり　손으로 만든 것
- ● 手当てあて　수당, 응급 치료
- ● 手軽てがる　손쉬운 모양
- ● 手応てごたえ　반응, 보람
- ● 手頃てごろ　적당함, 적절함
- 手紙てがみ　편지
- ● 手続てつづき　수속
- ● 手数てすう　수고
- ● 手配てはい　수배
- ● 人手不足ひとでぶそく　일손 부족
- ●● 手綱たづな　말고삐

収

음 : シュウ　　훈 : おさまる　おさめる

- ● 収穫しゅうかく　수확, 추수
- 回収かいしゅう　회수
- ● 収おさまる　알맞게 들어가다
- ● 収おさめる　넣다, 담다

升

음 : ショウ　　훈 : ます

- ● 升しょう　되(용량의 단위)
- ● 升目ますめ　바둑판·원고용지 등의 눈·칸

少

음 : ショウ　　훈 : すくない　すこし

- 少年しょうねん　소년
- ● 減少げんしょう　감소
- 少すくない　적다
- 少すこし　조금, 약간

冗

음 : ジョウ　　훈 : -

- 冗談じょうだん 농담
- 冗費じょうひ 쓸데없는 비용

心

음 : シン　　훈 : こころ

心配しんぱい 걱정
心身しんしん 심신(몸과 마음)
中心ちゅうしん 중심
心こころ 마음
- 心得こころえる 이해하다

특 心地ここち 기분, 느낌

仁

음 : ジン ニ　　훈 : -

- 仁義じんぎ 인의
- 仁術じんじゅつ 인술(인(仁)을 행하는 방법)
- •• 仁王におう (불교) 인왕, 금강신

水

음 : スイ　　훈 : みず

水泳すいえい 수영
水族館すいぞくかん 수족관
海水かいすい 해수, 바닷물
水みず 물

특 清水しみず 맑은 샘물

井

음 : セイ　ショウ　　훈 : い

- 油井ゆせい 유정(석유의 원유를 퍼내는 샘)
- 市井しせい 시정, 거리
- 天井てんじょう 천정

井戸いど 우물

切

음 : セツ　サイ　　훈 : きる

切実せつじつ 절실

大切たいせつだ 소중하다

- 一切いっさい 일체, 모두

切きる 자르다

切きれる 잘라지다, 다 되다

切符きっぷ 표, 티켓

- 踏切ふみきり 철도 건널목
- 区切くぎり 구분, 매듭

双

음 : ソウ　　훈 : ふた

- 双肩そうけん 양쪽 어깨
- 双方そうほう 쌍방, 양쪽
- 双子ふたご 쌍둥이

太

음 : タイ　　훈 : ふとい　ふとる

太陽たいよう 태양

皇太子こうたいし 황태자

太ふとい 굵다

太ふとる 살찌다

특 丸太まるた 통나무	太刀たち 칼

丹

음 : タン　　　훈 : -

- 丹念たんねん 단념, 성심
- 丹精たんせい 단정(진심에서 우러나는 뜨거운 정성)

中

음 : チュウ　　　훈 : なか

中学生ちゅうがくせい 중학생
中央ちゅうおう 중앙
中毒ちゅうどく 중독
- 胸中きょうちゅう 흉중(마음에 품은 생각), 심중

中なか 안, 속, 가운데
真ん中まんなか 한가운데, 한복판

弔

음 : チョウ　　　훈 : とむらう

- 弔問ちょうもん 조문, 문상
- 慶弔けいちょう 경조
- 弔とむらう 문상하다, 죽음을 애도하다

爪

음 : -　　　훈 : つめ　つま

爪つめ 손톱, 발톱
- 爪先つまさき 발가락 끝

天

음 : テン　　훈 : あま

天気てんき　날씨
雨天うてん　우천
● 天然てんねん　천연
● 天あまの川がわ　은하수

斗

음 : ト　　훈 : –

●● 斗酒としゅ　두주, 말술
● 北斗七星ほくとしちせい　북두칠성

屯

음 : トン　　훈 : –

● 駐屯地ちゅうとんち　주둔지(군대가 주둔하고 있는 장소)

内

음 : ナイ　ダイ　　훈 : うち

内容ないよう　내용
内側うちがわ　안쪽, 내면
家内かない　아내, 가내
内気うちき　내향성 기질, 내성적
●● 参内さんだい　참내, 입궐

匂

음 : –　　훈 : におう

匂におう　(좋은) 냄새가 나다
匂におい　(좋은) 냄새

日

음 : ニチ　ニッ　ジツ　　훈 : ひ

日曜日にちようび 일요일
日用品にちようひん 일용품
日程にってい 일정
● 翌日よくじつ 이튿날
日ひ 하루, 날, 태양
●● 日向ひなた 양지
● 日和ひより 날씨
誕生日たんじょうび 생일
● 生年月日せいねんがっぴ 생년월일

특 日本語にほんご 일본어
昨日きのう 어제
今日きょう 오늘
明日あす, あした 내일
大晦日おおみそか 섣달 그믐날

反

음 : ハン　　훈 : そる　そらす

反省はんせい 반성
違反いはん 위반
● 反そる 휘다
● 反そらす （뒤로）젖히다

특 謀反むほん 모반

比

음 : ヒ　　훈 : くらべる

比較ひかく 비교
比例ひれい 비례
比くらべる 비교하다, 대조하다

匹

음 : ヒツ　　훈 : ひき

● 匹敵ひってき 필적
二匹にひき 두 마리
一匹いっぴき 한 마리

不

음 : フ　ブ　　훈 : –

不自由ふじゆうだ　부자유스럽다
● 不況ふきょう　불황
● 不始末ふしまつ　뒤처리가 허술함
不動産ふどうさん　부동산
● 不器用ぶきよう　손재주가 없음

夫

음 : フ　フウ　　훈 : おっと

● 夫妻ふさい　부부, 내외
農夫のうふ　농부
● 夫婦ふうふ　부부
● 工夫くふう　궁리, 고안
● 夫おっと　남편

父

음 : フ　　훈 : ちち

父母ふぼ　부모
祖父そふ　할아버지
父ちち　아버지
父親ちちおや　부친

특 お父とうさん　아버지
伯父おじ, はくふ　백부, 큰아버지
叔父おじ, しゅくふ　숙부, 이모부 고모부

仏

음 : ブツ　　훈 : ほとけ

仏像ぶつぞう　불상
念仏ねんぶつ　염불
● 仏ほとけ　부처, 불상

分

음 : フン　　　훈 : わける　わかる

分別ぶんべつ　분별
自分じぶん　자기 자신
区分くぶん　구분

分わける　나누다
分わかる　알다

특 分解ぶんかい　분해　　大分だいぶ　꽤

文

음 : ブン　モン　モ　　　훈 : ふみ

文ぶん　문장
文化ぶんか　문화
文学ぶんがく　문학
文法ぶんぽう　문법

● 文句もんく　불평, 불만
● 注文ちゅうもん　주문
● 文字もじ　문자
● 恋文こいぶみ　연애 편지

片

음 : ヘン　　　훈 : かた

● 片雲へんうん　조각구름
● 破片はへん　파편

● 断片だんぺん　단편, 조각
片かた　조각

方

음 : ホウ　　　훈 : かた

方法ほうほう　방법
地方ちほう　지방
～方ほう　〔방향〕 ～쪽

～方かた　〔사람〕 ～분(사람을 높여 부르는 말)
使つかい方かた　사용하는 방법

특 行方ゆくえ　행방

乏

음 : ボウ　　　　훈 : とぼしい

- 欠乏けつぼう　결핍
- 貧乏びんぼう　가난함
- 乏とぼしい　모자라다

木

음 : ボク　モク　　　　훈 : き　こ

- 土木どぼく　토목
- 木材もくざい　목재
- 樹木じゅもく　수목(살아 있는 나무)
- 木き　나무
- 並木なみき　가로수
- 木陰こかげ　나무 그늘

특 木綿もめん　무명, 면직물

毛

음 : モウ　　　　훈 : け

- 毛髪もうはつ　모발
- 不毛ふもう　불모, 성과나 발전이 없음
- 毛け　털
- 毛糸けいと　털실

厄

음 : ヤク　　　　훈 : -

- 厄年やくどし　액년(운수가 사나운 해)
- 災厄さいやく　재액(재앙으로 인한 불운)

友

음 : ユウ　　훈 : とも

友情ゆうじょう 우정
親友しんゆう 친우, 친구
友達ともだち 친구, 벗

予

음 : ヨ　　훈 : –

予約よやく 예약
予備校よびこう 예비 학교, 입시 학원

六

음 : ロク　　훈 : むっつ　むい

六月ろくがつ 6월
六むっつ 여섯, 여섯째
六日むいか 6일, 엿새

5획 한자

圧

음 : アツ　　훈 : –

圧力あつりょく 압력
圧迫あっぱく 압박
気圧きあつ 기압

以

음 : イ　　훈 : –

以上いじょう 이상　　以外いがい 이외

以内いない 이내　　● 以降いこう 이후

右

음 : ウ ユウ　　훈 : みぎ

● 右折うせつ 우회전　　右みぎ 오른쪽

●● 左右さゆう 좌우

永

음 : エイ　　훈 : ながい

永遠えいえん 영원　　永ながい (시간이) 길다

● 永久えいきゅう 영구

央

음 : オウ　　훈 : –

中央ちゅうおう 중앙

加

음 : カ　　훈 : くわわる くわえる

● 加工かこう 가공　　● 加くわわる 더해지다

● 追加ついか 추가　　● 加くわえる 보태다

可

음 : カ　　훈 : -

可能かのう 가능

許可きょか 허가

外

음 : ガイ　ゲ　　훈 : そと　ほか　はずれる　はずす

外国がいこく 외국

海外かいがい 해외

● 外科げか 외과

外そと 밖

● 外はずれる 떨어지다

● 外はずす 떼어내다, (자리 등을) 비우다

刊

음 : カン　　훈 : -

刊行かんこう 간행

発刊はっかん 발간

甘

음 : カン　　훈 : あまい　あまえる　あまやかす

● 甘言かんげん 달콤한 말

● 甘味料かんみりょう 감미료

甘あまい 달다, 엄하지 않다, 만만하다, 쉽게 생각하다

● 甘あまえる 응석부리다

● 甘あまやかす 응석을 받아주다

丘

음 : キュウ　　훈 : おか

- 丘陵きゅうりょう 언덕, 구릉
- 砂丘さきゅう 모래 언덕, 사구
- 丘おか 언덕, 구릉

旧

음 : キュウ　　훈 : –

- 新旧しんきゅう 새것과 낡은 것, 신구
- 復旧ふっきゅう 복구

去

음 : キョ　　훈 : さる

- 去年きょねん 작년
- 死去しきょ 사망
- 去さる 떠나다

특 過去かこ 과거

巨

음 : キョ　　훈 : –

- 巨大きょだい 거대
- 巨額きょがく 거액

玉

음 : ギョク　　훈 : たま

- 玉石ぎょくせき 옥과 돌
- 宝玉ほうぎょく 보옥, 보석
- 玉たま 옥, 구슬, 보석
- 目玉めだま 안구

句

음 : ク　　　훈 : –

- **句集**くしゅう　구집(일본 고유의 단시 하이쿠(俳句〔はいく〕)를 모은 책)
- **節句**せっく　다섯 명절 → **人日**じんじつ　1월 7일, **上巳**じょうし　3월 3일, **端午**たんご　5월 5일, **七夕**たなばた　7월 7일, **重陽**ちょうよう　9월 9일

兄

음 : ケイ　キョウ　　　훈 : あに

- **兄事**けいじ　형으로 모심
- **兄弟**きょうだい　형제
- **父兄**ふけい　부형(아버지와 형)
- **兄**あに　형, 오빠

특 **兄**にい**さん**　형님, 오빠(兄의 높임말)

穴

음 : ケツ　　　훈 : あな

- **穴居**けっきょ　혈거(동굴에서 삶)
- **穴**あな　구멍, 구덩이
- **墓穴**ぼけつ　무덤구덩이

玄

음 : ゲン　　　훈 : –

玄米げんまい　현미

玄関げんかん　현관

특 **玄人**くろうと　전문가, 숙련가

古

음 : コ　　훈 : ふるい　ふるす

古代こだい　고대
太古たいこ　먼 옛날
古ふるい　낡다, 오래되다
● 使つかい古ふるす　오래 써서 낡게 하다

功

음 : コウ　ク　　훈 : –

● 功績こうせき　공적
成功せいこう　성공
●● 功徳くどく　공덕, 선행

巧

음 : コウ　　훈 : たくみ

● 巧妙こうみょう　교묘
● 技巧ぎこう　기교
● 巧たくみ　능숙함, 솜씨가 좋음

広

음 : コウ　　훈 : ひろい　ひろまる　ひろめる　ひろがる　ひろげる

広大こうだい　광대(넓고 큼)
広義こうぎ　넓은 뜻
広ひろい　넓다
● 広場ひろば　광장
広ひろまる　넓어지다
広ひろめる　퍼뜨리다, 범위를 넓히다
広ひろがる　넓어지다
広ひろげる　넓히다, 확장하다

号

음 : ゴウ　　훈 : –

~号ごう　~호
号外ごうがい　호외
番号ばんごう　번호

込

음 : –　　훈 : こむ　こめる

込こむ　붐비다
人込ひとごみ　혼잡함, 붐빔
込こめる　채우다, (마음을) 담다

左

음 : サ　　훈 : ひだり

● 左折させつ　좌회전
● 左遷させん　좌천
左ひだり　왼쪽
左側ひだりがわ　왼쪽, 왼편

冊

음 : サツ　サク　　훈 :

● 冊子さっし　책, 서적
別冊べっさつ　별책
●● 短冊たんざく　하이쿠 등을 붓으로 쓰기 위한 두껍고 좁은 종이

札

음 : サツ　　훈 : ふだ

● 表札ひょうさつ　문패
● 入札にゅうさつ　입찰
● 札ふだ　표찰, 팻말
● 名札なふだ　명찰

皿

음 : –　　훈 : さら

皿さら 접시

● 灰皿はいざら 재떨이

仕

음 : シ　ジ　　훈 : つかえる

仕事しごと 일

● 給仕きゅうじ 급사, 잔심부름을 함, 잔심부름을 하는 사람

● 仕つかえる 섬기다

史

음 : シ　　훈 : –

史学しがく 사학, 역사학

歴史れきし 역사

司

음 : シ　　훈 : –

司会しかい 사회

上司じょうし 상사

四

음 : シ　　훈 : よ　よっつ　よん

四角しかく 사각

● 四季しき 사계절

四人よにん 네 사람

四日よっか 나흘

四よっつ 넷

四階よんかい 4층

市

음 : シ　　훈 : いち

市民しみん 시민
市立しりつ 시립
都市とし 도시
市場いちば 시장

矢

음 : シ　　훈 : や

- 一矢いっしを報むくいる 화살을 되쏘다, 앙갚음을 하다
- 矢や 화살
- 矢印やじるし 화살표

示

음 : ジ シ　　훈 : しめす

- 示威じい 시위
- 指示しじ 지시
- 示唆しさ 시사

示しめす 보이다, 가리키다

叱

음 : シツ　　훈 : しかる

- 叱咤しった 질타(성내어 크게 꾸짖음)

叱しかる 야단치다

失

음 : シツ　　훈 : うしなう

失敗しっぱい 실패
- 消失しょうしつ 소실, 소멸

失うしなう 잃다

写

음 : シャ　　훈 : うつる　うつす

写真しゃしん 사진
● 描写びょうしゃ 묘사
写うつる 찍히다
写うつす 베끼다

主

음 : シュ　ス　　훈 : ぬし　おも

主人しゅじん 주인
● 主権しゅけん 주권
●● 法主ほっす, ほうしゅ, ほっしゅ 법주
● 坊主ぼうず 스님, 꼬마
● 主ぬし 주인
主おもな 주된, 주요한

囚

음 : シュウ　　훈 : –

● 囚人しゅうじん 수인, 죄수
● 死刑囚しけいしゅう 사형수

汁

음 : ジュウ　　훈 : しる

● 果汁かじゅう 과즙, 과일즙
● 汁しる 즙, 국

出

음 : シュツ　スイ　　　훈 : でる　だす

- 輸出ゆしゅつ　수출
- 出席しゅっせき　출석
- 出発しゅっぱつ　출발
- 出張しゅっちょう　출장
- ●● 出納すいとう　출납
- 出でる　나오다
- 出会であう　우연히 만나다
- 出口でぐち　출구
- 申もうし出で　신청
- 出だす　꺼내다, (편지 등을) 보내다
- 思おもい出だす　생각해내다, 생각나다
- 口出くちだし　말참견

処

음 : ショ　　　훈 : –

- 処置しょち　처치
- 処罰しょばつ　처벌

召

음 : ショウ　　　훈 : めす

- 召喚しょうかん　〔법률〕 소환
- 召集しょうしゅう　소집
- 召めし上あがる　드시다, 잡수시다

尻

음 : –　　　훈 : しり

- 尻しり　엉덩이, 뒤, 맨 끝

申

음 : シン　　　훈 : もうす

- 申請しんせい　신청
- 答申とうしん　답신
- 申もうす　말씀드리다

世

음 : セイ　セ　　　훈 : よ

- 世紀せいき 세기
  世界せかい 세계
- 世間せけん 세간, 세상

  出世しゅっせ 출세
- 世よの中なか 세상, 사회

正

음 : セイ　ショウ　　　훈 : ただしい　ただす　まさ

  正確せいかく 정확
- 正面しょうめん 정면
- 正月しょうがつ 정월
- 正直しょうじき 정직

  正ただしい 올바르다
- 正ただす 바로잡다
- 正まさに 정말로, 확실히

生

음 : セイ　ショウ　　　훈 : いきる　おう　うまれる　き　はえる　なま

  生活せいかつ 생활
  生徒せいと 학생
  生物せいぶつ 생물
- 生涯しょうがい 생애
- 一生いっしょう 평생
  誕生日たんじょうび 생일

  生いきる 살다
- 生おい茂しげる 우거지다
  生うまれる 태어나다
- ●● 生一本きいっぽん 강직함
- 生はえる 나다
- 生意気なまいき 건방짐

斥

음 : セキ　　　훈 : –

- 斥候せっこう 척후(적의 형편이나 지형 등을 정찰·탐색함)
- 排斥はいせき 배척

石

음 : セキ　　훈 : いし

- 石炭せきたん 석탄
- 懐石かいせき 회석

石いし 돌

특 磁石じしゃく 자석

仙

음 : セン　　훈 : -

- 仙骨せんこつ 선골(신선의 골격, 비범한 골상)

仙人せんにん 선인, 신선

占

음 : セン　　훈 : しめる　うらなう

- 占領せんりょう 점령
- 独占どくせん 독점

占しめる 차지하다

- 占うらなう 점치다

他

음 : タ　　훈 : -

他国たこく 타국, 외국

- 排他的はいたてき 배타적

打

음 : ダ　　훈 : うつ

- 打撃だげき 타격
- 打破だは 타파

打うつ 치다, 때리다

代

음 : ダイ　タイ　シロ　　훈 : かわる　かえる

- 世代せだい 세대
- 現代げんだい 현대
- ● 前代未聞ぜんだいみもん 전대미문
- ● 代謝たいしゃ (신진)대사
- ● 交代こうたい 교대
- ● 身みの代金しろきん 몸값
- 代かわる 바뀌다, 대신하다
- 代かえる 바꾸다

台

음 : ダイ　タイ　　훈 : –

- ~台だい ~대
- 台所だいどころ 부엌
- ● 台風たいふう 태풍
- ● 台頭たいとう 대두
- ● 舞台ぶたい 무대
- ● 屋台やたい 포장마차

旦

음 : タン　　훈 : –

- ● 元旦がんたん 설날
- ● 一旦いったん 일단, 잠깐

庁

음 : チョウ　　훈 : –

- ● 庁舎ちょうしゃ 청사(관청의 사무실로 쓰는 건물)
- 官庁かんちょう 관청

田

음 : デン　　훈 : た

- 田地でんじ 논밭
- 油田ゆでん 유전
- 田た 논
- 田植たうえ 모내기, 이앙

특 田舎いなか 시골

奴

음 : ド　　훈 : やつ

- 奴隷どれい 노예
- 守銭奴しゅせんど 수전노, 구두쇠
- 奴やつ 녀석, 놈

冬

음 : トウ　　훈 : ふゆ

- 冬至とうじ 〔절기〕 동지
- 越冬えっとう 월동(겨울을 넘김)
- 冬ふゆ 겨울

凸

음 : トツ　　훈 : –

- 凸とつレンズ 볼록 렌즈
- 凹凸おうとつ 요철(볼록함과 오목함)

특 凸凹でこぼこ 요철, 울퉁불퉁

丼

음 : ドン　　훈 : どんぶり

- カツ丼どん 돈까스 덮밥
- 丼どんぶり 사발, 그릇

尼

음 : ニ　　훈 : あま

- 尼僧にそう　여승, 비구니
- 修道尼しゅうどうに　여승
- 尼あま　여승, 수녀
- 尼寺あまでら　여승방, 수녀원

白

음 : ハク　ビャク　　훈 : しろい　しろ　しら

紅白こうはく　홍백

明白めいはく　명백, 분명함

- 黒白こくびゃく　흑백

白しろい　희다

白しろ　백, 흰색

白黒しろくろ　흑백

- 白壁しらかべ　흰 벽
- 白しらける　흥이나 분위기가 깨지다, 퇴색하다

특 白髪しらが, はくはつ　백발, 흰머리

半

음 : ハン　　훈 : なかば

半分はんぶん　(절)반

後半こうはん　후반

- 半なかば　절반

氾

음 : ハン　　훈 : –

- 氾濫はんらん　범람(큰물이 흘러넘침)

犯

음 : ハン　　훈 : おかす

- 犯罪はんざい　범죄
- 共犯きょうはん　공범
- 犯おかす　범하다, 어기다

皮

음 : ヒ　　훈 : かわ

- 皮膚ひふ　피부
- 皮肉ひにく　풍자, 빈정거림
- 脱皮だっぴ　탈피

皮かわ　가죽, 껍질

必

음 : ヒツ　　훈 : かならず

- 必死ひっし　필사(죽기를 각오함)

必要ひつよう　필요

必かならず　반드시, 꼭

氷

음 : ヒョウ　　훈 : こおり　ひ

氷点下ひょうてんか　빙점하, 영하

- 結氷けっぴょう　결빙

氷こおり　얼음

- 氷雨ひさめ　우박, 진눈깨비

付

음 : フ　　훈 : つく　つける

- 交付こうふ　교부
- 給付きゅうふ　급부(재물 등을 대어 줌)

付つく　붙다

気付きづく　깨닫다, 알아차리다

付つける　붙이다, 대다

布

음 : フ　　훈 : ぬの

- 布陣ふじん　포진(전쟁이나 경기 등을 치르기 위하여 진을 침)
- 分布ぶんぷ　분포
- 布ぬの　포목, 직물의 총칭
- 布地ぬのじ　천

払

음 : フツ　　훈 : はらう

- 払底ふってい　품절, 바닥이 남
- 払はらう　(돈을) 지불하다, 제거하다
- 前払まえばらい　선불

丙

음 : ヘイ　　훈 : –

- 丙種へいしゅ　병종(갑, 을, 병 등으로 차례나 등급을 매길 때에 그 세 번째 종류)
- 甲乙丙こうおつへい　갑을병

平

음 : ヘイ　ビョウ　　훈 : たいら　ひら

- 平和へいわ　평화
- 公平こうへい　공평
- 平等びょうどう　평등
- 平たいらな　평평한, 평탄한
- 平たいらげる　평정하다
- 平手ひらて　손바닥
- 平ひらたい　평평하다, 평탄하다

辺

음 : ヘン　　훈 : あたり　べ

周辺しゅうへん　주변
その辺へん　그 근처, 그 근방
● 辺あたり　근처, 주변
● 海辺うみべ　해변, 바닷가

弁

음 : ベン　　훈 : -

弁償べんしょう　변상
お弁当べんとう　도시락

母

음 : ボ　　훈 : はは

母性ぼせい　모성
祖母そぼ　조모, 할머니
母はは　엄마, 어머니
母親ははおや　모친

특
乳母うば　유모
お母かあさん　어머니
伯母おば, はくぼ　백모, 큰어머니
叔母おば, しゅくぼ　숙모, 이모, 고모
母屋おもや = 母家おもや　안방, 안채

包

음 : ホウ　　훈 : つつむ

● 包装ほうそう　포장
● 内包ないほう　내포
● 包つつむ　싸다, 포장하다
● 小包こづつみ　소포

北

음 : ホク　　훈 : きた

北進ほくしん　북진(북쪽으로 진격함)
北海道ほっかいどう　홋카이도
南北なんぼく　남북
北きた　북, 북쪽
北風きたかぜ　북풍

本

음 : ホン　　훈 : もと

本ほん　책, 서적
本屋ほんや　책방, 서점
本当ほんとう　사실, 정말임
基本きほん　기본
見本みほん　견본, 샘플
根本ねもと, こんぽん　근본

末

음 : マツ　バツ　　훈 : すえ

週末しゅうまつ　주말
本末ほんまつ　본말(사물이나 일의 처음과 끝)
● 粉末ふんまつ　분말, 가루
● 末子ばっし, まっし　막내
● 末すえ　끝, 마지막
● 末すえっ子こ　막내

未

음 : ミ　　훈 : –

未来みらい　미래
● 前代未聞ぜんだいみもん　전대미문

民

음 : ミン　　훈 : たみ

民主主義みんしゅしゅぎ 민주주의
国民こくみん 국민
● 民たみ 국민, 백성

矛

음 : ム　　훈 : ほこ

● 矛盾むじゅん 모순
● 矛ほこ 창

目

음 : モク　ボク　　훈 : め　ま

● 目的もくてき 목적
● 目標もくひょう 목표
注目ちゅうもく 주목
● 面目めんぼく, めんもく 면목
目め 눈
● 羽目はめ 곤란한 처지나 입장
● 境目さかいめ 경계점, 갈림길
● 目まの当あたり 눈앞, 직접

由

음 : ユ　ユウ　ユイ　　훈 : よし

由来ゆらい 유래
経由けいゆ 경유(거쳐 감)
理由りゆう 이유, 핑계
自由じゆう 자유
● 由緒ゆいしょ 유서, 내력
●● …の由よし …사정, …까닭

幼

음 : ヨウ　　훈 : おさない

- 幼児ようじ 유아
- 幼稚園ようちえん 유치원
- 幼おさない 어리다

用

음 : ヨウ　　훈 : もちいる

用意ようい 준비
用事ようじ 용무, 일
利用りよう 이용
- 用もちいる 이용하다

立

음 : リツ　リュウ　　훈 : たつ　たてる

立案りつあん 입안(어떤 안을 세움)
立派りっぱ 훌륭함
独立どくりつ 독립
●● 建立こんりゅう 건립함
立たつ 일어서다, 일어나다
立場たちば 입장, 관점
- 夕立ゆうだち 소나기
立たてる 세우다

令

음 : レイ　　훈 : −

- 令状れいじょう 영장
- 命令めいれい 명령

礼

음 : レイ　ライ　　훈 : −

お礼れい 감사의 말, 감사의 선물
- 礼儀れいぎ 예의
- 無礼ぶれい 무례
- 礼賛らいさん 예찬
- 礼拝らいはい, れいはい 예배

6획 한자

扱

음 : –　　　훈 : あつかう

- 扱あつかう　취급하다
- 取とり扱あつかい　취급

安

음 : アン　　　훈 : やすい

安全あんぜん　안전

不安ふあん　불안

安やすい　싸다

衣

음 : イ　　　훈 : ころも

衣服いふく　의복, 옷

衣装いしょう　의상

- 衣食住いしょくじゅう　의식주
- ●● 衣ころも　옷

특 浴衣ゆかた　목욕 후 또는 여름철에 입는 무명 홑옷

芋

음 : –　　　훈 : いも

- 芋いも　감자·고구마·토란 등의 총칭
- じゃが芋いも　감자

印

음 : イン　　훈 : しるし

- 印刷いんさつ　인쇄
- 調印ちょういん　약정서에 도장을 찍음
- 印しるし　표, 상징
- 矢印やじるし　화살표

因

음 : イン　　훈 : よる

- 因果いんが　인과(원인과 결과)
  原因げんいん　원인
- ～に因よる　～에 의하다

宇

음 : ウ　　훈 : –

宇宙人うちゅうじん　우주인

羽

음 : ウ　　훈 : はね　は

- 羽毛うもう　깃털
- 羽翼うよく　새의 날개
- 羽はね　날개

一羽いちわ　한 마리
三羽さんば　세 마리
六羽ろっぱ　여섯 마리

汚

음 : オ　　훈 : よごれる　よごす　けがれる　けがす　きたない

- 汚染おせん　오염
- 汚よごれる　더러워지다
- 汚よごす　더럽히다
- 汚けがれる　악에 물들다
- 汚けがす　모독하다, 더럽히다
  汚きたない　더럽다

仮

음 : カ　　　　　훈 : かり

仮説かせつ 가설
仮定かてい 가정
● 仮釈放かりしゃくほう 가석방

특 仮病けびょう 꾀병

回

음 : カイ　　　　　훈 : まわる　まわす

回答かいとう 회답
次回じかい 다음 번
回まわる 돌다
回まわす 돌리다

灰

음 : カイ　　　　　훈 : はい

● 石灰せっかい 석회
● 灰はい 재
● 灰色はいいろ 회색

会

음 : カイ　エ　　　　　훈 : あう

会話かいわ 회화
会議かいぎ 회의
会社かいしゃ 회사
社会しゃかい 사회
国会こっかい 국회
●● 会釈えしゃく 인사
●● 会得えとく 터득, 깨침
会あう 만나다

各

음 : カク　　　훈 : おのおの

各自かくじ　각자

各種かくしゅ　각종

●● 各おのおの = 各々おのおの

각자, 제각기

汗

음 : カン　　　훈 : あせ

● 汗顔かんがん　많이 부끄러워함

● 発汗はっかん　땀이 남

汗あせ　땀

缶

음 : カン　　　훈 : –

缶かん　캔, 깡통

● 缶詰かんづめ　통조림

● 空缶あきかん　빈 깡통

企

음 : キ　　　훈 : くわだてる

企画きかく　기획

企業きぎょう　기업

● 企くわだてる　꾀하다, 시도하다

伎

음 : キ ギ　　　훈 : –

歌舞伎かぶき　가부키(연극)

● 伎芸ぎげい　기예

危

음 : キ　　　　훈 : あぶない　あやうい　あやぶむ

危険きけん　위험
- 安危あんき　안위(안전과 위험)

危あぶない　위험하다
- 危あやうい　위태롭다
- 危あやぶむ　위태로워하다, 의심하다, 걱정하다

机

음 : キ　　　　훈 : つくえ

- 机上きじょう　책상 위
- 机辺きへん　책상 언저리

机つくえ　책상

気

음 : キ　ケ　　　　훈 : -

気分きぶん　기분

気持きもち　기분
- 気楽きらくだ　속 편하다
- 気候きこう　기후
- 雰囲気ふんいき　분위기

不景気ふけいき　불경기
- 気配けはい　낌새, 기미
- 湿気しっけ　습기

특 意気地いくじ　패기, 의지

吉

음 : キチ　キツ　　　　훈 : -

- 吉日きちじつ, きつじつ　길일, 좋은 날
- 大吉だいきち　대길, 아주 좋음
- 吉報きっぽう　길보, 희소식
- 不吉ふきつ　불길

休

음 : キュウ

훈 : やすむ　やすまる　やすめる

休日きゅうじつ　휴일
- 定休ていきゅう　정기휴일

休やすむ　쉬다

休やすみ　휴일, 방학, 쉬는 시간

休やすまる　편안해지다

休やすめる　쉬게 하다

吸

음 : キュウ

훈 : すう

- 吸収きゅうしゅう　흡수
- 呼吸こきゅう　호흡
- 吸すう　들이마시다, 빨다

共

음 : キョウ

훈 : とも

- 共同きょうどう　공동
- 公共こうきょう　공공, 사회 전체
- 共ともに　함께, 같이

叫

음 : キョウ

훈 : さけぶ

- 叫喚きょうかん　규환(큰 소리로 외침)
- 絶叫ぜっきょう　절규
- 叫さけぶ　외치다

仰

음 : ギョウ　コウ

훈 : あおぐ　おおせ

- 仰視ぎょうし　우러러봄
- 仰天ぎょうてん　매우 놀람
- 信仰しんこう　신앙
- 仰あおぐ　우러러보다, 공경하다
- 仰おおせ　분부, 말씀

曲

음 : キョク　　훈 : まがる　まげる

曲線きょくせん 곡선
名曲めいきょく 명곡

曲まがる 구부러지다
曲まげる 구부리다

刑

음 : ケイ　　훈 : –

刑事けいじ 형사

死刑しけい 사형

血

음 : ケツ　　훈 : ち

血圧けつあつ 혈압
血色けっしょく 혈색

血ち 피
● 鼻血はなぢ 코피

件

음 : ケン　　훈 : –

件数けんすう 건수

事件じけん 사건

交

음 : コウ　　훈 : まじわる　まじえる　まじる　まざる　まぜる　かう　かわす

交差点こうさてん 교차로
交番こうばん 파출소
社交しゃこう 사교
● 交まじわる 사귀다, 교차하다
● 交まじえる 섞다
● 交まじる 섞이다

● 交まざる 섞이다
● 交まぜる 섞다, 뒤섞다
● 飛とび交かう 뒤섞여 날다, 어지럽게 날다
● 交かわす 주고받다

光

음 : コウ

훈 : ひかる　ひかり

光線こうせん　광선

観光かんこう　관광

● 光ひかる　빛나다, 반짝이다

● 光ひかり　빛, 불빛

向

음 : コウ

훈 : むく　むける　むかう　むこう

● 向上こうじょう　향상

● 傾向けいこう　경향

● 向むく　향하다

● 向むける　향하게 하다

● 向むかう　향하다

● 向むこう　맞은편, 저쪽

好

음 : コウ

훈 : このむ　すく

好意こうい　호의

良好りょうこう　양호

● 好このむ　좋아하다

● 好このましい　마음에 들다

● 好すく　좋아하다, 마음에 들다

好すきだ　좋아하다

好すき嫌きらい　싫고 좋음

江

음 : コウ

훈 : え

● 江湖こうこ　강과 호수

江戸えど　도쿄(東京)의 옛이름

考

음 : コウ

훈 : かんがえる

● 考慮こうりょ　고려

参考さんこう　참고

考かんがえる　생각하다

行

음 : コウ　ギョウ　アン　　훈 : いく　ゆく　おこなう

- 行楽地こうらくち　행락지
- 急行きゅうこう　급행
- 行列ぎょうれつ　행렬
- 行事ぎょうじ　행사
- 行儀ぎょうぎ　예의범절
- 行脚あんぎゃ　스님이 수행을 위해 여러 곳을 돌아다님
- 行いく　가다
- 行方ゆくえ　행방
- 行おこなう　행하다

合

음 : ゴウ　ガッ　　훈 : あう

- 合格ごうかく　합격
- 集合しゅうごう　집합
- 都合つごう　상황, 형편
- 合併がっぺい　합병
- 合宿がっしゅく　합숙
- 合作がっさく　합작
- 合点がってん, がてん　납득, 수긍
- 合あう　맞다, 어울리다
- 待合室まちあいしつ　대합실
- 割合わりあい　비율

再

음 : サイ　サ　　훈 : ふたたび

- 再度さいど　재차, 두 번
- 再選さいせん　재선
- 再来年さらいねん　다다음 해
- 再来月さらいげつ　다다음 달
- 再来週さらいしゅう　다다음 주
- 再ふたたび　두 번, 재차

在

음 : ザイ　　훈 : ある

- 在宅ざいたく　재택(자기 집에 있음)
- 存在そんざい　존재
- 在ある　있다

旨

음 : シ　　훈 : むね

- 要旨ようし　요지(핵심이 되는 내용)
- 趣旨しゅし　취지
- 旨むね　취지, 뜻

死

음 : シ　　훈 : しぬ

- 死亡しぼう　사망
- 必死ひっし　필사
- 死しぬ　죽다

糸

음 : シ　　훈 : いと

- 綿糸めんし　면사, 무명실
- 製糸せいし　제사(고치나 솜 등으로 실을 만듦)
- 糸いと　실

至

음 : シ　　훈 : いたる

- 夏至げし　하지
- 冬至とうじ　동지
- 至いたる　이르다, 당도하다
- 至いたって　매우, 몹시

字

음 : ジ　　훈 : あざ

- 字じ　글자
- 字引じびき　사전
- 文字もじ　문자
- 字あざ　町나 村보다 작은 행정 구획, (아랫) 마을

寺

음 : ジ　　훈 : てら

寺院じいん　사원, 절

● 社寺しゃじ　신사와 절

寺てら　절

次

음 : ジ　シ　　훈 : つぐ　つぎ

次回じかい　차회(다음 번)

目次もくじ　목차

● 次第しだい　사정, 나름임, ~하는 즉시

● 次つぐ　잇따르다

次つぎ　다음

耳

음 : ジ　　훈 : みみ

● 耳鼻科じびか　이비과

● 中耳炎ちゅうじえん　중이염

耳みみ　귀

自

음 : ジ　シ　　훈 : おのずから　みずから

自信じしん　자신

自動じどう　자동

自分じぶん　자기 자신, 나

自由じゆう　자유

独自どくじ　독자

● 自然しぜん　자연

●● 自おのずから　저절로

● 自みずから　스스로

式

음 : シキ　　훈 : –

式典しきてん　식전, 의식

形式けいしき　형식

芝

음 : –　　훈 : しば

- 芝しば　잔디
- 芝居しばい　연극
- 芝生しばふ　잔디밭

守

음 : シュ　ス　　훈 : まもる　もり

守備しゅび　수비

攻守こうしゅ　공수(공격과 수비)

- 留守るす　빈집을 지킴, 부재중

守まもる　지키다

- 子守こもり　아이를 봄

州

음 : シュウ　　훈 : す

～州しゅう　～주

- 州議会しゅうぎかい　주 의회
- 州す　주(토사가 바다·강·호수 바닥에 쌓여 수면으로 나타난 땅)
- 三角州さんかくす　삼각주

舟

음 : シュウ　　훈 : ふね　ふな

- 舟運しゅううん　주운(배를 이용한 교통, 운송)
- 舟航しゅうこう　주항(배로 항해함)

舟ふね　배

- 小舟こぶね, おぶね　작은 배
- 舟遊ふなあそび　뱃놀이

充

음 : ジュウ　　훈 : あてる

- 充実じゅうじつ 충실
- 充電じゅうでん 충전
- 補充ほじゅう 보충
- 充あてる 채우다, 충당하다

旬

음 : シュン ジュン　　훈 : –

- 旬しゅん 생선·채소·과일 등의 맛이 가장 좋은 시기
- 上旬じょうじゅん 상순, 초순

巡

음 : ジュン　　훈 : めぐる

- 巡回じゅんかい 순회
- 一巡いちじゅん 일순, 한 차례 돎
- 巡めぐる 돌다

특 お巡まわりさん 경찰 아저씨

如

음 : ジョ ニョ　　훈 : –

- 欠如けつじょ 결여
- 突如とつじょ 갑자기, 돌연
- 如実にょじつ 여실(사실과 같음)
- 不如意ふにょい 뜻대로 안됨

匠

음 : ショウ　　훈 : –

- 師匠ししょう 스승, 선생
- 巨匠きょしょう 거장

色

음 : ショク　シキ　　훈 : いろ

- 原色げんしょく 원색
- 特色とくしょく 특색
- ● 色彩しきさい 색채
- ● 色調しきちょう 색조
- 色いろ 색, 빛
- 色々いろいろ 여러 가지

특 景色けしき 경치, 풍경

尽

음 : ジン　　훈 : つきる　つくす　つかす

- ● 尽力じんりょく 진력(힘을 다함)
- ● 理不尽りふじん 도리에 맞지 않음, 억지를 부림
- 尽っきる 다하다, 떨어지다
- ● 尽っくす 다하다, 진력하다
- ● 愛想あいそを尽っかす 정나미가 떨어지다

迅

음 : ジン　　훈 : –

- ● 迅速じんそく 신속

成

음 : セイ　　훈 : なる　なす

- 成功せいこう 성공
- 成人式せいじんしき 성인식
- 賛成さんせい 찬성
- ● 成なる 되다
- ● 成なす 이루다

특 成就じょうじゅ 성취

西

음 : セイ サイ 　　훈 : にし

- 西洋せいよう 서양
- ● 西暦せいれき 서력, 서기
- 北西ほくせい 북서
- ● 西国さいごく 서쪽 지방
- ● 東西とうざい 동서
- 西にし 서쪽, 서

舌

음 : ゼツ 　　훈 : した

- ● 舌端ぜったん 설단, 혀끝
- ● 筆舌ひつぜつ 필설(글과 말)
- 舌した 혀
- ● 猫舌ねこじた 뜨거운 것을 못 먹는 혀
- ● 二枚舌にまいじた 모순된 말을 함, 한 입으로 두 말하는 것

先

음 : セン 　　훈 : さき

- ● 先方せんぽう 상대편
- 先生せんせい 선생
- 先週せんしゅう 지난 주
- 先月せんげつ 지난 달
- 先輩せんぱい 선배
- ● 率先そっせん 솔선
- 先さき 앞, 먼저, 전방
- ● 先立さきだつ 앞장서다, 앞서다

全

음 : ゼン 　　훈 : まったく

- 全国ぜんこく 전국
- 全然ぜんぜん 전혀
- 全部ぜんぶ 전부, 모두
- 完全かんぜん 완전
- ● 全まったく 완전히, (부정어와 함께) 전혀

壮

음 : ソウ　　훈 : –

- 壮大そうだい 장대, 웅장함
- 強壮きょうそう 강장, 강건

早

음 : ソウ サッ　　훈 : はやい はやまる はやめる

早期そうき 조기(이른 시기)
早退そうたい 조퇴
- 早速さっそく 즉시, 재빨리
- 早急さっきゅう 매우 급함

早はやい 빠르다
早はやまる 빨라지다
早はやめる 서두르다

특 早乙女さおとめ 소녀, 처녀　　早苗さなえ 볏모

争

음 : ソウ　　훈 : あらそう

- 競争きょうそう 경쟁
- 紛争ふんそう 분쟁
- 争あらそう 다투다, 경쟁하다

存

음 : ソン ゾン　　훈 : –

存在そんざい 존재
- 既存きそん 기존(이미 존재함)
- 存分ぞんぶん 실컷, 마음껏

保存ほぞん 보존

多

음 : タ　　훈 : おおい

多少たしょう 다소(많음과 적음)
多数たすう 수가 많음

多おおい 많다

宅

음 : タク　　훈 : -

お宅たく　댁(상대방 집의 높임말)
- 帰宅きたく　귀택, 귀가
- 宅地たくち　택지, 집터

団

음 : ダン　トン　　훈 : -

団結だんけつ　단결
集団しゅうだん　집단
団体だんたい　단체
- 布団ふとん　이불

地

음 : ジ　チ　　훈 : つち

地震じしん　지진
地域ちいき　지역
- 地団太じだんだ　(괘씸하거나 분해서) 발을 동동 구름
- 発祥地はっしょうち　발상지
- 遊園地ゆうえんち　유원지
- 意気地いくじ　패기
- 空地あきち　공터, 빈터

池

음 : チ　　훈 : いけ

電池でんち　전지(전기 에너지를 발생시키는 장치)
- 貯水池ちょすいち　저수지
- 池いけ　연못

竹

음 : チク　　훈 : たけ

- 竹馬の友ちくばのとも 죽마고우
- 竹たけ 대나무
- 爆竹ばくちく 폭죽

특 竹刀しない 죽도

仲

음 : チュウ　　훈 : なか

- 仲介ちゅうかい 중개
- 仲裁ちゅうさい 중재(중간에서 양 쪽을 화해시킴)
- 仲なか 사이, 관계
- 仲間なかま 동료, 무리

특 仲人なこうど 중매인

虫

음 : チュウ　　훈 : むし

- 幼虫ようちゅう 유충, 애벌레
- 害虫がいちゅう 해충
- 虫むし 벌레, 곤충

兆

음 : チョウ　　훈 : きざし　きざす

- 兆候ちょうこう 조후(조짐이나 징후)
- 前兆ぜんちょう 전조, 징조
- 兆きざし 조짐, 징조
- 兆きざす 싹트다, 일이 일어날 징조가 보이다

伝

음 : デン　　훈 : つたわる　つたえる　つたう

- 伝言でんごん　전언(말을 전함, 또는 그 말)
- 伝統でんとう　전통
- 宣伝せんでん　선전
- 伝つたわる　전해지다
- 伝つたえる　전하다
- 伝つたう　따라서 이동하다, 타다
- 手伝てつだう　거들다, 돕다

특 伝馬船てんません　짐을 나르는 거룻배

吐

음 : ト　　훈 : はく

- 吐血とけつ　피를 토함
- 吐はく　토하다
- 吐はき気け　구역질

灯

음 : トウ　　훈 : ひ

- 灯台とうだい　등대
- 電灯でんとう　전등
- 灯ひ　등불

当

음 : トウ　　훈 : あたる　あてる

- お弁当べんとう　도시락
- 本当ほんとうに　정말로
- 妥当だとう　타당
- 当あたる　맞다, 당첨되다, 해당하다
- 当あてる　맞히다, 대다

同

음 : ドウ　　훈 : おなじ

- 同情どうじょう　동정
- 同棲どうせい　동거, 남녀가 한집에 같이 사는 것
- 混同こんどう　혼동
- 同おなじだ　같다

특 同おない年どし　동갑, 같은 나이

弐

음 : ニ　　훈 : -

- 弐万円にまんえん　2만 엔

肉

음 : ニク　　훈 : -

- 肉にく　고기
- 肉類にくるい　육류
- 筋肉きんにく　근육

任

음 : ニン　　훈 : まかせる　まかす

- 任務にんむ　임무
- 責任せきにん　책임
- 任まかせる　맡기다
- 任まかす　맡기다

年

음 : ネン　　훈 : とし

年代ねんだい　연대
年齢ねんれい　연령, 나이
少年しょうねん　소년
年とし　해, 나이
年下としした　연하
年上としうえ　연상
● 年寄としより　늙은이, 노인

특 今年ことし　올해, 금년

肌

음 : -　　훈 : はだ

● 肌はだ　피부, 살결
● 肌色はだいろ　살색

伐

음 : バツ　　훈 : -

● 伐採ばっさい　벌채(나무를 베어냄)
● 征伐せいばつ　정벌

帆

음 : ハン　　훈 : ほ

● 帆船はんせん　범선, 돛단배
● 出帆しゅっぱん　출범
● 帆ほ　돛

汎

음 : ハン　　훈 : -

● 汎用はんよう　범용(널리 사용함)

妃

음 : ヒ　　훈 : –

- 王妃おうひ　왕비

百

음 : ヒャク　　훈 : –

- 百ひゃく　백
- 百科事典ひゃっかじてん　백과사전
- 百貨店ひゃっかてん　백화점

특	八百屋やおや　채소 가게, 야채 장수
	八百長やおちょう　짬짜미, 미리 짜고서 하는 승부

伏

음 : フク　　훈 : ふせる

- 伏線ふくせん　복선
- 伏ふせる　엎드리다
- 潜伏せんぷく　잠복

米

음 : ベイ　マイ　　훈 : こめ

- 米国べいこく　미국
- 新米しんまい　햅쌀, 신참, 풋내기
- 米価べいか　쌀값
- 米こめ　쌀
- 精米せいまい　정미(기계 등으로 벼를 찧어 쌀을 만듦)
- 米粒こめつぶ　쌀알

忙

음 : ボウ　　훈 : いそがしい

- 多忙たぼう　매우 바쁨
- 繁忙はんぼう　번거롭고 어수선하여 매우 바쁨

忙いそがしい　바쁘다

朴

음 : ボク　　훈 : –

- 素朴そぼく　소박(거짓이나 꾸밈없이 수수함)
- 純朴じゅんぼく　순박

毎

음 : マイ　　훈 : –

每度まいど　매번, 번번이
每日まいにち　매일
每週まいしゅう　매주
每月まいつき　매달, 매월
每年まいとし　매년

名

음 : メイ　ミョウ　　훈 : な

- 名誉めいよ　명예

有名ゆうめい　유명

- 名字みょうじ　성(성씨)
- 本名ほんみょう　본명

名な　이름
名前なまえ　이름, 성함

- 仮名かな　일본 특유의 음절 문자(히라가나, 가타카나)

특 名残なごり　자취, 흔적

妄

음 : モウ　ボウ　　훈 : –

- 妄想もうそう　망상
- 妄言ぼうげん, もうげん　망언

有

음 : ユウ　ウ　　훈 : ある

- 有益ゆうえき　유익
- 所有しょゆう　소유
- 有無うむ　유무(있음과 없음)
- 有ある　있다

羊

음 : ヨウ　　훈 : ひつじ

- 羊毛ようもう　양모, 양털
- 羊ひつじ　양

吏

음 : リ　　훈 : –

- 吏員りいん　관리, 공무원
- 官吏かんり　관리(국가공무원)

両

음 : リョウ　　훈 : –

- 両親りょうしん　부모
- 両方りょうほう　양쪽
- 車両しゃりょう　차량

列

음 : レツ

훈 : -

列車れっしゃ 열차

- 陳列ちんれつ 진열

劣

음 : レツ

훈 : おとる

- 劣等れっとう 열등
- 優劣ゆうれつ 우열
- 劣おとる 뒤떨어지다

老

음 : ロウ

훈 : おいる　ふける

老人ろうじん 노인

- 長老ちょうろう 장로
- 老おいる 늙다, 노쇠하다
- 老ふける 나이를 먹다, 늙다

7획 한자

亜

음 : ア

훈 : -

- 亜流ありゅう 아류
- 亜熱帯あねったい 아열대

位

음 : イ　　훈 : くらい

位置いち　위치
地位ちい　지위
位くらい　지위, 계급

특	三位一体さんみいったい　삼위일체

囲

음 : イ　　훈 : かこむ　かこう

- 囲碁いご　바둑
- 範囲はんい　범위
- 囲かこむ　둘러싸다
- 囲かこう　둘러싸다

医

음 : イ　　훈 : –

医学いがく　의학
医者いしゃ　의사

応

음 : オウ　　훈 : –

- 応答おうとう　응답
- 一応いちおう　일단

특	反応はんのう　반응	順応じゅんのう　순응

何

음 : カ　　훈 : なん　なに

- 幾何学きかがく　기하학

何なん, なに　무엇
何本なんぼん　몇 개

- 何者なにもの　누구, 어떤 사람

花

음 : カ

훈 : はな

- 花瓶かびん 꽃병
- 落花らっか 낙화(꽃이 떨어짐)

花はな 꽃

花火はなび 불꽃

花見はなみ 벚꽃 구경

我

음 : ガ

훈 : われ わ

- 我流がりゅう 아류
- 自我じが 자아
- 我々われわれ 우리들
- 我わが国くに 우리나라

快

음 : カイ

훈 : こころよい

快活かいかつ 쾌활

- 愉快ゆかい 유쾌
- 快こころよい 기분이 좋다, 상쾌하다

戒

음 : カイ

훈 : いましめる

- 戒心かいしん 조심
- 警戒けいかい 경계
- 戒いましめる 훈계하다, 징계하다

改

음 : カイ

훈 : あらたまる あらためる

- 改札口かいさつぐち 개찰구
- 更改こうかい 다시 바꿈
- 改あらたまる 새로워지다
- 改あらためる 고치다, 개선하다
- 改あらためて 다시, 새삼스럽게

貝

음 : かい　　　훈 : –

- 貝かい　조개
- ほら貝がい　소라(고둥)

角

음 : カク　　　훈 : かど　つの

角度かくど　각도
三角さんかく　삼각
角かど　모서리
- 角つの　뿔

完

음 : カン　　　훈 : –

完成かんせい　완성
未完みかん　미완

肝

음 : カン　　　훈 : きも

- 肝臓かんぞう　간장
- 肝心かんじん　중요함
- 肝きも　간

含

음 : ガン　　　훈 : ふくむ　ふくめる

- 含有がんゆう　함유
- 包含ほうがん　포함
- 含ふくむ　포함하다
- 含ふくめる　포함시키다

希

음 : キ

훈 : −

希望きぼう 희망

● 希薄きはく 희박

汽

음 : キ

훈 : −

汽車きしゃ 기차

● 汽笛きてき 기적

技

음 : ギ

훈 : わざ

技術ぎじゅつ 기술

特技とくぎ 특기

● 技わざ 기술, 기예

求

음 : キュウ

훈 : もとめる

● 求職きゅうしょく 구직

● 追求ついきゅう 추구

求もとめる 구하다, 요청하다

究

음 : キュウ

훈 : きわめる

● 究明きゅうめい 구명

研究けんきゅう 연구

● 究きわめる 연구하다

狂

음 : キョウ　　훈 : くるう　くるおしい

- 狂気きょうき　광기, 미침
- 熱狂ねっきょう　열광
- 狂くるう　미치다, 돌다
- 狂くるおしい　미칠 듯하다

局

음 : キョク　　훈 : –

郵便局ゆうびんきょく　우체국
放送局ほうそうきょく　방송국
結局けっきょく　결국

均

음 : キン　　훈 : –

- 均一きんいつ　균일
- 平均へいきん　평균

近

음 : キン　　훈 : ちかい

近所きんじょ　근처
- 接近せっきん　접근

近ちかい　가깝다

吟

음 : ギン　　훈 : –

- 吟味ぎんみ　음미
- 詩吟しぎん　시음

串

음 : –

훈 : くし

- 串くし 꼬챙이, 꼬치

君

음 : クン

훈 : きみ

~君くん ~군

- 君臨くんりん 군림
- 諸君しょくん 제군, 여러분

君きみ 임금, 군주, 자네, 군

系

음 : ケイ

훈 : –

- 系統けいとう 계통
- 体系たいけい 체계, 시스템

形

음 : ケイ ギョウ

훈 : かたち かた

三角形さんかくけい 삼각형

- 整形せいけい 정형
- 成形せいけい 성형
- 人形にんぎょう 인형

形かたち 형태

- 形見かたみ 유품

芸

음 : ゲイ

훈 : –

- 芸術げいじゅつ 예술
- 芸能人げいのうじん 연예인
- 文芸ぶんげい 문예

迎

음 : ゲイ　　훈 : むかえる

● 歓迎かんげい　환영
迎むかえる　맞이하다

決

음 : ケツ　　훈 : きまる　きめる

● 決断けつだん　결단
決心けっしん　결심
決けっして　결코
解決かいけつ　해결
決きまる　결정되다
決きめる　결정하다

見

음 : ケン　　훈 : みる　みえる

見学けんがく　견학
見物けんぶつ　구경
● 見当けんとう　짐작, 예측
● 偏見へんけん　편견
見みる　보다
見みえる　보이다, 오시다
● 見込みこみ　예상, 예측
● 見積書みつもりしょ　견적서
● 見通みとおし　예측, 전망

言

음 : ゲン　ゴン　　훈 : いう　こと

言動げんどう　언동
発言はつげん　발언
● 伝言でんごん　전언(전하는 말)
●● 遺言ゆいごん　유언
言いう　말하다
言葉ことば　말, 어휘, 언어
独ひとり言ごと　혼잣말

孝

음 : コウ　　훈 : –

孝行こうこう 효행, 효도　　不孝ふこう 불효

抗

음 : コウ　　훈 : –

- 抗争こうそう 항쟁
- 対抗たいこう 대항

攻

음 : コウ　　훈 : せめる

- 攻撃こうげき 공격
  専攻せんこう 전공
- 攻せめる 공격하다

更

음 : コウ　　훈 : さら　ふける　ふかす

- 更新こうしん 경신, 갱신
  変更へんこう 변경
- 更さらに 더욱더, 거듭
- 更ふける 깊어지다
- 更ふかす 밤 늦도록 깨어 있다

克

음 : コク　　훈 : –

- 克服こくふく 극복
- 克己こっき 극기

告

음 : コク　　훈 : つげる

告白こくはく　고백
報告ほうこく　보고

• 告つげる　고하다, 알리다

谷

음 : コク　　훈 : たに

• 幽谷ゆうこく　깊은 골짜기

• 谷たに　골짜기

困

음 : コン　　훈 : こまる

• 困難こんなん　곤란
• 貧困ひんこん　빈곤

困こまる　곤란하다

沙

음 : サ　　훈 : –

• 沙漠さばく ＝ 砂漠さばく　사막

• ご無沙汰ぶさた　오랫동안 소식이 없음

災

음 : サイ　　훈 : わざわい

災害さいがい　재해
火災かさい　화재

• 災わざわい　불행, 재난

材

음 : ザイ　　훈 : –

材料ざいりょう 재료
人材じんざい 인재

作

음 : サク　サ　　훈 : つくる

作成さくせい 작성
作文さくぶん 작문
名作めいさく 명작
● 作用さよう 작용
● 作業さぎょう 작업
● 動作どうさ 동작
● 操作そうさ 조작
作つくる 만들다

伺

음 : シ　　훈 : うかがう

●● 伺候しこう 사후(윗사람에게 문안을 드림)
● 伺うかがう 묻다, 듣다(겸손한 말)

志

음 : シ　　훈 : こころざす　こころざし

志望しぼう 지망
● 有志ゆうし 유지
● 寸志すんし 촌지
● 志こころざす 뜻을 세우다, 지향하다
● 志こころざし 뜻, 호의

私

음 : シ　　훈 : わたし

私立しりつ 사립
公私こうし 공(公)과 사(私)
私わたし 나, 저

似

음 : ジ 훈 : にる

- 類似るいじ 유사, 닮음
- 疑似ぎじ 의사, 유사

似にる 닮다, 비슷하다

- 似顔にがお 닮게 그린 그림, 초상화

児

음 : ジ ニ 훈 : –

- 児童じどう 아동
- 幼児ようじ 유아, 어린아이
- 小児科しょうにか 소아과

특 稚児ちご 젖먹이, 유아

社

음 : シャ 훈 : やしろ

社会しゃかい 사회

社長しゃちょう 사장

会社かいしゃ 회사

神社じんじゃ 신사

●● 社やしろ 신을 모신 건물, 신사

車

음 : シャ 훈 : くるま

自動車じどうしゃ 자동차

乗車券じょうしゃけん 승차권

車くるま 자동차

- 肩車かたぐるま 목마

특 山車だし 축제(祝祭) 때 끌고 다니는 장식을 한 수레

寿

음 : ジュ

훈 : ことぶき

- 寿命じゅみょう 수명
- 長寿ちょうじゅ 장수
- •• 寿ことぶき 축복, 장수

특 寿司すし 초밥

秀

음 : シュウ

훈 : ひいでる

- 秀才しゅうさい 수재
- 優秀ゆうしゅう 우수
- 秀ひいでる 빼어나다, 뛰어나다

住

음 : ジュウ

훈 : すむ すまう

住所じゅうしょ 주소

衣食住いしょくじゅう 의식주

住すむ 살다

- 住すまう 살다, 거주하다
- 住すまい 사는 곳, 거주함

初

음 : ショ

훈 : はじめて はじめ はつ
うい そめる

最初さいしょ 최초

- 初はじめて (순서 상) 처음으로

初はじめ (일의) 시작

- 初雪はつゆき 첫 눈
- •• 初陣ういじん 첫 출전
- •• 書かき初ぞめ
새해 첫 글씨 쓰기, 신년 휘호

助

음 : ジョ　　훈 : たすかる　たすける　すけ

助力じょりょく 조력, 도움
救助きゅうじょ 구조
助たすかる 살아나다, 목숨을 건지다
助たすける 구하다, 살리다
●● 助太刀すけだち 거듦, 도움

序

음 : ジョ　　훈 : –

● 序幕じょまく 서막
● 秩序ちつじょ 질서

床

음 : ショウ　　훈 : とこ　ゆか

● 起床きしょう 기상
● 病床びょうしょう 병상
● 床屋とこや 이발소, 이발사
● 床下ゆかした 마루 밑

消

음 : ショウ　　훈 : –

● 肖像しょうぞう 초상
● 不肖ふしょう 불초(어버이를 닮지 않고 못남), 못나고 어리석은 사람을 이름

条

음 : ジョウ　　훈 : –

条件じょうけん 조건
● 箇条かじょう 개조, 조항, 항목

状

음 : ジョウ　　훈 : –

状態じょうたい　상태
- 白状はくじょう　자백

伸

음 : シン　　훈 : のびる　のばす

- 伸縮しんしゅく　신축
- 追伸ついしん　추신
- 伸のびる　펴지다
- 伸のばす　펴다

臣

음 : シン　ジン　　훈 : –

臣下しんか　신하
- 君臣くんしん　군신(군주와 신하)
- 大臣だいじん　장관, 내각의 대신

芯

음 : –　　훈 : しん

- 芯しん　심, 가지 끝에 자라는 싹

身

음 : シン　　훈 : み

身体しんたい　신체
独身どくしん　독신
身み　몸

辛

음 : シン　　훈 : からい

- 辛抱しんぼう 참음
- 香辛料こうしんりょう 향신료

辛からい 맵다

図

음 : ズ ト　　훈 : はかる

- 図案ずあん 도안

地図ちず 지도

- 合図あいず 신호
- 指図さしず 지시, 명령

図書館としょかん 도서관

- 意図いと 의도
- 図はかる 도모하다

吹

음 : スイ　　훈 : ふく

- 吹鳴すいめい 취명(사이렌 등을 울림)

吹ふく 불다

특 息吹いぶき 호흡, 숨	吹雪ふぶき 눈보라

杉

음 : -　　훈 : すぎ

- 杉すぎ 삼목, 삼나무
- 杉並木すぎなみき 삼나무 가로수

声

음 : セイ　　훈 : こえ　こわ

- 声援せいえん　성원
- 音声おんせい　음성

声こえ　목소리

•• 声色こわいろ　음색

특 声明しょうみょう　성명

赤

음 : セキ　シャク　　훈 : あか　あかい　あからむ　あからめる

- 赤道せきどう　적도
- 発赤はっせき　발적(피부가 붉어짐)
- 赤銅しゃくどう　적동(검붉은 광택이 나는 구릿빛)

赤あか　빨강

赤字あかじ　적자, 결손

赤あかん坊ぼう　아기, 갓난아기

赤あかい　빨갛다

- 赤あからむ　붉어지다
- 赤あからめる　붉히다

특 真っ赤まっか　새빨강

折

음 : セツ　　훈 : おる　おり　おれる

- 折衝せっしょう　절충(이해 관계가 서로 다른 상대와 교섭함)
- 屈折くっせつ　굴절

折おる　접다

折おり紙がみ　색종이, 종이접기

- ~する折おり　~하는 때

折おれる　접히다, 꺾이다

走

음 : ソウ　　훈 : はしる

- 走行そうこう 주행
- 競走きょうそう 경주
- 滑走路かっそうろ 활주로
  走はしる 달리다

특 師走しわす 12월

即

음 : ソク　　훈 : –

- 即応そくおう 즉응(즉시 응함)
- 即席そくせき 즉석

束

음 : ソク　　훈 : たば

- 束縛そくばく 속박, 구속
  約束やくそく 약속
- 束たば 다발, 묶음
- 花束はなたば 꽃다발

足

음 : ソク　　훈 : あし たりる たる たす

- 足跡そくせき 족적, 발자취
  遠足えんそく 소풍
  足あし 다리
- 足たりる 충분하다, 족하다
- 舌足したたらず 혀 짧은 소리를 내다, 표현이 충분하지 못함
- 足たす 더하다, 보태다

특 足袋たび 일본식 버선

村

음 : ソン　　훈 : むら

村長そんちょう 촌장(한국의 면장에 해당)
- 農村のうそん 농촌

村むら 마을, 촌락

汰

음 : タ　　훈 : -

- 沙汰さた 소식
- ご無沙汰ぶさた 오랫동안 소식이 없음

妥

음 : ダ　　훈 : -

- 妥当だとう 타당
- 妥協だきょう 타협

対

음 : タイ　　훈 : -

- 対策たいさく 대책

絶対ぜったい 절대

특 一対いっつい 한 쌍

体

음 : タイ　テイ　　훈 : からだ

体育館たいいくかん 체육관

体験たいけん 체험

団体だんたい 단체

全体ぜんたい 전체

- 体裁ていさい 겉모양, 외관
- 世間体せけんてい 체면, 평판, 이목

体からだ 몸

択

음 : タク　　훈 : –

- 選択せんたく　선택
- 採択さいたく　채택

沢

음 : タク　　훈 : さわ

- 光沢こうたく　광택
- 沢さわ　얕은 못, 작은 계곡
- 潤沢じゅんたく　윤택

但

음 : –　　훈 : ただし

- 但ただし　단, 다만

男

음 : ダン　ナン　　훈 : おとこ

- 男女だんじょ　남녀
- 長男ちょうなん　장남
- 男性だんせい　남성
- 男おとこ　남자
- 善男善女ぜんなんぜんにょ　선남선녀

沖

음 : チュウ　　훈 : おき

- 沖積層ちゅうせきそう　〔지리〕 충적층
- 沖おき　앞바다

町

음 : チョウ　　훈 : まち

- 市町村しちょうそん 한국의 시·읍·면과 비슷한 일본 행정 구획의 이름
- 町まち 시내, 읍내
- 町外まちはずれ 변두리, 시내의 외곽 지대

沈

음 : チン　　훈 : しずむ　しずめる

- 沈滞ちんたい 침체
- 沈黙ちんもく 침묵
- 沈しずむ 가라앉다, 잠기다
- 沈しずめる 가라앉히다

低

음 : テイ　　훈 : ひくい　ひくまる　ひくめる

- 低気圧ていきあつ 저기압
- 高低こうてい 고저(높고 낮음)
- 低ひくい 낮다
- 低ひくまる 낮아지다
- 低ひくめる 낮추다, 낮게 하다

呈

음 : テイ　　훈 : –

- 呈上ていじょう 드림, 바침
- 贈呈ぞうてい 증정

廷

음 : テイ　　훈 : のびる

- 宮廷きゅうてい 궁궐, 대궐
- 法廷ほうてい 법정
- 延のびる 연장되다, 길어지다

弟

음 : テイ　ダイ　デ　　훈 : おとうと

- 弟妹ていまい　제매(남동생과 여동생)
- 義弟ぎてい　의제(의리로 맺은 아우)
  兄弟きょうだい　형제
- 弟子でし　제자
  弟おとうと　남동생

努

음 : ド　　훈 : つとめる

- 努力どりょく　노력
- 努つとめる　힘쓰다, 노력하다

投

음 : トウ　　훈 : なげる

- 投資とうし　투자
- 投稿とうこう　투고(신문이나 잡지에 원고를 써서 보냄)
- 投なげる　던지다

특 投網とあみ　투망

豆

음 : トウ　ズ　　훈 : まめ

- 豆腐とうふ　두부
- 納豆なっとう　낫토(한국의 청국장처럼 삶은 콩을 더운 방에서 띄운 것)
- 大豆だいず　대두, 콩
- 豆まめ　콩

특 小豆あずき　팥

那

음 : ナ　　　훈 : -

- 刹那せつな　찰나(아주 짧은 시간)

尿

음 : ニョウ　　　훈 : -

- 尿意にょうい　요의(오줌이 마려운 느낌)
- 夜尿症やにょうしょう　야뇨증

妊

음 : ニン　　　훈 : -

- 妊娠にんしん　임신
- 不妊ふにん　불임

忍

음 : ニン　　　훈 : しのぶ　しのばせる

- 忍耐にんたい　인내
- 残忍ざんにん　잔인
- 忍しのぶ　견디다, 참다
- 忍しのばせる　숨겨 놓다, 숨기다

把

음 : ハ　　　훈 : -

- 把握はあく　파악

특 一把いちわ　한 묶음	十把じっぱ　열 묶음, 열 다발
三把さんば　세 다발	

売

음 : バイ　　훈 : うる　うれる

- 売買ばいばい　매매
  販売はんばい　판매
  売うる　팔다
  売うれる　팔리다
- 売うり上あげ　매상
- 売うり切きれ　매진, 품절
  売うり場ば　매장
- 卸売おろしうり　도매

伯

음 : ハク　　훈 : –

- 伯仲はくちゅう　장남과 차남, (세력이) 팽팽함

특 伯父おじ, はくふ	백부(큰아버지, 고모부, 삼촌)
伯母おば, はくぼ	백모(큰어머니, 고모, 이모)

麦

음 : バク　　훈 : むぎ

- 麦芽ばくが　맥아, 엿기름
- 麦秋ばくしゅう　보릿가을(익은 보리를 거두어들이는 철), 초여름
- 麦むぎ　보리, 밀
- 小麦粉こむぎこ　밀가루

抜

음 : バツ　　훈 : ぬける　ぬく　ぬかす　ぬかる

- 抜群ばつぐん　발군
- 選抜せんばつ　선발
- 抜ぬける　빠지다
- 抜ぬく　뽑다, 빼내다
- 抜ぬかす　빠뜨리다, 빼다
- 抜ぬかる　실수하다

伴

음 : ハン　　훈 : ともなう

- 伴侶はんりょ 반려
- 同伴どうはん 동반
- 伴ともなう 동반하다

특 伴奏ばんそう 반주

判

음 : ハン　　훈 : –

判断はんだん 판단

- 裁判さいばん 재판
- 審判しんぱん 심판

坂

음 : ハン　　훈 : さか

- 登坂とはん 언덕을 오름

坂さか 언덕

阪

음 : ハン　　훈 : さか

- 阪神はんしん 오사카(大阪) 시와 고베(神戸) 시

大阪おおさか 오사카

否

음 : ヒ　　훈 : いな

否定ひてい 부정

- 安否あんぴ 안부
- 否いな 〔명사〕 반대
  〔감탄사〕 아니, 아뇨
- 否いなめない 부정할 수 없다

批

음 : ヒ　　훈 : –

- 批判ひはん 비판
- 批評ひひょう 비평

尾

음 : ビ　　훈 : お

- 尾行びこう 미행
- 尾お 꼬리
- 首尾しゅび 수미(일의 시작과 끝)

肘

음 : –　　훈 : ひじ

- 肘ひじ 팔꿈치

扶

음 : フ　　훈 : –

- 扶養ふよう 부양
- 扶助ふじょ 부조

兵

음 : ヘイ　ヒョウ　　훈 : –

兵器へいき 병기, 무기
- 撤兵てっぺい 철병, 철군(주둔했던 군대를 철수함)
- 兵糧ひょうろう 군량(식량)

別

음 : ベツ　　훈 : わかれる

区別くべつ　구별

特別とくべつ　특별

別わかれる　헤어지다, 이별하다

返

음 : ヘン　　훈 : かえす

返事へんじ　대답, 답장

● 返却へんきゃく　반환

返かえす　되돌려주다

芳

음 : ホウ　　훈 : かんばしい

● 芳紀ほうき　방년(20살 전후의 한창 꽃다운 나이)

● 芳かんばしい　향기롭다

邦

음 : ホウ　　훈 : –

● 邦楽ほうがく　일본 음악

● 連邦れんぽう　연방, 연합 국가

坊

음 : ボウ　ボッ　　훈 : –

● 坊主ぼうず　중, 스님

● 朝寝坊あさねぼう　늦잠, 늦잠꾸러기

● 坊ぼっちゃん　도련님, 아드님

妨

음 : ボウ　　훈 : さまたげる

- 妨害ぼうがい 방해
- 妨さまたげる 방해하다

忘

음 : ボウ　　훈 : わすれる

忘年会ぼうねんかい 송년회

- 忘却ぼうきゃく 망각

忘わすれる 잊다

物忘ものわすれ 건망, 사물을 잊음

防

음 : ボウ　　훈 : ふせぐ

- 防災ぼうさい 방재(재해를 막는 일)

予防よぼう 예방

- 堤防ていぼう 제방, 둑
- 防ふせぐ 막다, 방지하다

没

음 : ボツ　　훈 : –

- 没収ぼっしゅう 몰수
- 出没しゅつぼつ 출몰

妙

음 : ミョウ　　훈 : –

- 微妙びみょう 미묘
- 巧妙こうみょう 교묘

役

음 : ヤク　エキ　　훈 : -

- 役やくに立たつ　도움이 되다
- 市役所しやくしょ　시청
- 役目やくめ　임무, 직무, 책임
- 使役しえき　사역(일을 시킴)
- 兵役へいえき　병역

余

음 : ヨ　　훈 : あまる　あます

- 余剰よじょう　잉여
- 余地よち　여지
- 余暇よか　여가
- 余あまる　남다
- 余あます　남게 하다, 남기다

妖

음 : ヨウ　　훈 : あやしい

- 妖艶ようえん　요염
- 妖精ようせい　요정
- 妖あやしい　야릇하다, 불가사의하다

抑

음 : ヨク　　훈 : おさえる

- 抑圧よくあつ　억압
- 抑制よくせい　억제
- 抑おさえる　억누르다, 억압하다

沃

음 : ヨク

훈 : –

- 沃野よくや 옥야(기름진 평야)
- 肥沃ひよく 비옥(땅이 기름짐)

来

음 : ライ

훈 : くる きたる きたす

- 来年らいねん 내년
- 往来おうらい 왕래
- 来くる 오다
- 来きたる10日とおか 다가오는 10일
- 来きたす 오게 하다

乱

음 : ラン

훈 : みだれる みだす

- 乱暴らんぼう 난폭
- 混乱こんらん 혼란
- 乱みだれる 어지러워지다, 혼란해지다
- 乱みだす 어지럽히다

卵

음 : ラン

훈 : たまご

- 鶏卵けいらん 계란
- 産卵さんらん 산란
- 卵たまご 알, 달걀

利

음 : リ　　훈 : きく

- 利益りえき　이익
- 鋭利えいり　예리
- 砂利じゃり　자갈
- 利きく　제대로 잘 작동하다, 잘 움직이다
- 左利ひだりきき　왼손잡이

里

음 : リ　　훈 : さと

- 里程標りていひょう　이정표
- 郷里きょうり　고향
- 里さと　마을

良

음 : リョウ　　훈 : よい

良好りょうこう　양호
改良かいりょう　개량
良よい　좋다

특 野良のら　논밭

冷

음 : レイ　　훈 : つめたい ひえる ひやす ひやかす ひや さめる さます

- 冷却れいきゃく　냉각
- 冷淡れいたん　냉담
冷つめたい　차갑다
- 冷ひえる　차가워지다
- 冷ひやす　차게 하다, 식히다
- 冷ひやかす　차게 하다, 놀리다
- 冷ひや汗あせ　식은땀
- 冷さめる　식다
- 冷さます　식히다

励

음 : レイ　　훈 : はげむ　はげます

- 奨励しょうれい　장려
- 激励げきれい　격려
- 励はげむ　힘쓰다
- 励はげます　격려하다, 북돋다

戻

음 : レイ　　훈 : もどる　もどす

- 返戻へんれい　반려(빌리거나 차지했던 것을 되돌려 줌), 반환
  戻もどる　되돌아오다
- 後戻あともどり　되돌아옴, 퇴보
  戻もどす　되돌리다

呂

음 : ロ　　훈 : –

風呂ふろ　목욕, 욕조

朝風呂あさぶろ　아침 목욕(물)

労

음 : ロウ　　훈 : –

労働ろうどう　노동

- 疲労ひろう　피로

弄

음 : ロウ　　훈 : もてあそぶ

- 翻弄ほんろう　번롱(맘대로 가지고 놂)
- 弄もてあそぶ　가지고 놀다, 장난하다

8획 한자

依

음 : イ　エ　　　　훈 : －

- 依頼いらい 의뢰
- 依然いぜん 의연
- ●● 帰依きえ 귀의

委

음 : イ　　　　훈 : ゆだねる

- 委任いにん 위임
- 委員いいん 위원
- 委ゆだねる 남에게 맡기다

育

음 : イク　　　　훈 : そだつ　そだてる

- 育児いくじ 육아
- 教育きょういく 교육
- 育そだつ 자라다
- 育そだてる 키우다

雨

음 : ウ　　　　훈 : あめ　あま

- 雨量うりょう 강수량
- 梅雨ばいう, つゆ 장마
- 雨あめ 비
- 雨戸あまど 덧문

특 五月雨さみだれ 음력 5월경에 내리는 장맛비	小雨こさめ 가랑비
時雨しぐれ 한 차례 지나가는 비	春雨はるさめ 봄비

泳

음 : エイ　　훈 : およぐ

- 泳法えいほう　헤엄치는 법
- 水泳すいえい　수영
- 泳およぐ　헤엄치다

英

음 : エイ　　훈 : –

- 英語えいご　영어
- 和英わえい　일본어와 영어

易

음 : エキ　イ　　훈 : やさしい

- 貿易ぼうえき　무역
- 容易ようい　손쉬움
- 安易あんい　안이
- 易やさしい　쉽다

延

음 : エン　　훈 : のびる

- 延長えんちょう　연장
- 延のびる　지연(연기)되다

沿

음 : エン　　훈 : そう

- 沿岸えんがん　연안
- 沿海えんかい　연해
- 沿そう　따르다
- 川沿かわぞい　강가

炎

음 : エン　　훈 : ほのお

- 炎上えんじょう　불에 탐
- 火炎かえん　화염
- 炎ほのお　불길, 화염

往

음 : オウ　　훈 : –

往復おうふく　왕복
- 立たち往生おうじょう　선 채로 꼼짝 못함

押

음 : オウ　　훈 : おす　おさえる

- 押収おうしゅう　압수
- 押印おういん　날인

押おす　밀다
- 押おさえる　누르다

欧

음 : オウ　　훈 : –

- 欧米おうべい　유럽과 미국
- 西欧せいおう　서유럽

殴

음 : オウ　　훈 : なぐる

- 殴打おうだ　구타
- 殴なぐる　때리다

価

음 : カ　　　훈 : あたい

価格かかく 가격
物価ぶっか 물가

● 価あたい 값, 가치

果

음 : カ　　　훈 : はてる　はたす

● 果実かじつ 과실
効果こうか 효과
● 果はてる 끝나다

● 果はたす 달성하다
● 果はたして 과연

특 果物くだもの 과일

河

음 : カ　　　훈 : かわ

● 河川かせん 하천
● 河口かこう 하구

河かわ 강

특 運河うんが 운하
河岸かし 강가
河原かわら 강변

画

음 : ガ　カク　　　훈 : –

画家がか 화가
映画えいが 영화

● 画期的かっきてき 획기적
計画けいかく 계획

芽

음 : ガ　　훈 : め

- 発芽はつが　발아
- 麦芽ばくが　맥아, 엿기름
- 芽め　싹
- 芽生めばえる　싹트다

怪

음 : カイ　　훈 : あやしい　あやしむ

- 怪談かいだん　괴담
- 奇怪きかい　기괴
- 怪あやしい　수상하다, 이상하다
- 怪あやしむ　수상해 하다

拐

음 : カイ　　훈 : –

- 拐帯かいたい　도망, 달아남
- 誘拐ゆうかい　유괴

拡

음 : カク　　훈 : –

- 拡大かくだい　확대
- 拡張かくちょう　확장

学

음 : ガク　　훈 : まなぶ

学生がくせい　학생
学習がくしゅう　학습
数学すうがく　수학
医学いがく　의학
学校がっこう　학교
学まなぶ　배우다

官

음 : カン　　훈 : –

- 官庁かんちょう　관청
- 教官きょうかん　교관

岸

음 : ガン　　훈 : きし

- 岸壁がんぺき　암벽
- 岸きし　물가
- 対岸たいがん　건너편 기슭

특 河岸かし　하안

岩

음 : ガン　　훈 : いわ

- 岩石がんせき　암석
- 岩いわ　바위
- 火成岩かせいがん　화성암

玩

음 : ガン　　훈 : –

- 玩具がんぐ　완구
- 愛玩あいがん　애완(동물 등을 좋아하여 가까이 두고 즐김)

奇

음 : キ　　훈 : –

- 奇数きすう　홀수
- 珍奇ちんき　진기

특 数奇屋すきや　다실(茶室)

祈

음 : キ　　훈 : いのる

- 祈願きがん 기원
- 祈念きねん 기원, 기념

祈いのる 기도하다

季

음 : キ　　훈 : –

季節きせつ 계절

- 四季しき 사계절

泣

음 : キュウ　　훈 : なく

- 号泣ごうきゅう 소리 높여 욺, 통곡
- 感泣かんきゅう 감격하여 욺

泣なく 울다

居

음 : キョ　　훈 : いる

- 居住きょじゅう 거주
- 同居どうきょ 동거
- 居いる 있다

특 一言居士いちげんこじ 일언거사(말참견을 좋아하는 사람)

拒

음 : キョ　　훈 : こばむ

- 拒絶きょぜつ 거절
- 拒否きょひ 거부
- 拒こばむ 거절하다

拠

음 : キョ　　훈 : –

- ● 拠点きょてん　거점
- ● 根拠こんきょ　근거

특 証拠しょうこ　증거

京

음 : キョウ　ケイ　　훈 : –

- 京都きょうと　교토
- 東京とうきょう　도쿄
- ● 上京じょうきょう　상경
- ● 帰京ききょう　귀경
- ● 京浜けいひん　도쿄와 요코하마
- ● 京阪けいはん　교토와 오사카

供

음 : キョウ　ク　　훈 : そなえる　とも

- ● 供給きょうきゅう　공급
- ● 提供ていきょう　제공
- ●● 供物くもつ　공물
- ●● 供養くよう　공양
- ● 供そなえる　갖추다, 구비하다
- 子供こども　아이, 자식

協

음 : キョウ　　훈 : –

- 協力きょうりょく　협력
- ● 妥協だきょう　타협

況

음 : キョウ　　훈 : –

- ● 状況じょうきょう　상황
- ● 実況じっきょう　실황(실제 상황)

金

음 : キン　コン　　　훈 : かね　かな

- 金属きんぞく　금속
- 料金りょうきん　요금
- 賃金ちんぎん　임금
- 黄金時代おうごんじだい　황금시대
- お金かね　돈
- 金持かねもち　부자
- 金かなづち　쇠망치

苦

음 : ク　　　훈 : くるしい　くるしむ　くるしめる　にがい

- 苦労くろう　고생, 노고
- 辛苦しんく　신고, 고생
- 苦くるしい　괴롭다, 답답하다
- 苦くるしむ　괴로워하다, 고생하다
- 苦くるしめる　괴롭히다, 걱정시키다
- 苦にがい　(맛이) 쓰다

具

음 : グ　　　훈 : -

- 具体的ぐたいてき　구체적
- 道具どうぐ　도구

空

음 : クウ　　　훈 : あく　すく　から　そら

- 空想くうそう　공상
- 空港くうこう　공항
- 航空こうくう　항공
- 空あく　(시간, 자리가) 비다
- 空すく　(속이) 비다
- 空手からて　가라테
- 空そら　하늘

屈

음 : **クツ** 훈 : –

- **屈辱**くつじょく 굴욕
- **不屈**ふくつ 불굴

径

음 : **ケイ** 훈 : –

- **径**けい**10センチ** 지름 10센티미터
- **直径**ちょっけい 직경, 지름

券

음 : **ケン** 훈 : –

- **券**けん 표, 티켓
- **旅券**りょけん 여권
- **乗車券**じょうしゃけん 승차권

肩

음 : **ケン** 훈 : **かた**

- **肩章**けんしょう 견장
- **肩**かた 어깨
- **双肩**そうけん 양쪽 어깨

呼

음 : **コ** 훈 : **よぶ**

- **呼吸**こきゅう 호흡
- **呼**よ**ぶ** 부르다
- **点呼**てんこ 점호

固

음 : コ　　훈 : かたい　かたまる　かためる

- 固有こゆう　고유
- 堅固けんご　견고, 단단함

固かたい　단단하다, 딱딱하다

固かたまる　굳다, 굳어지다

固かためる　다지다, 굳히다

虎

음 : コ　　훈 : とら

- 虎穴こけつ　호랑이 굴
- 虎とら　호랑이

効

음 : コウ　　훈 : きく

効果こうか　효과

- 時効じこう　시효
- 効きく　약이 듣다

幸

음 : コウ　　훈 : しあわせ　さいわい　さち

幸福こうふく　행복

- 不幸ふこう　불행

幸しあわせだ　행복하다

- 幸さいわい　다행
- 海うみの幸さち、山やまの幸さち　산해진미

拘

음 : コウ　　훈 : –

- 拘束こうそく　구속
- 拘留こうりゅう　구류(붙잡아서 한 곳에 가두어 둠)

肯

음 : コウ　　훈 : –

- 肯定こうてい 긍정
- 首肯しゅこう 수긍

刻

음 : コク　　훈 : きざむ

- 彫刻ちょうこく 조각
- 深刻しんこく 심각
- 刻きざむ 잘게 썰다, 새기다

国

음 : コク　　훈 : くに

- 国語こくご 국어
- 国際こくさい 국제
- 国内こくない 국내
- 韓国かんこく 한국
- 国会こっかい 국회
- 国境こっきょう 국경
- 国くに 나라, 고향

昆

음 : コン　　훈 : –

- 昆虫こんちゅう 곤충
- 昆布こんぶ, こぶ 다시마

妻

음 : サイ　　훈 : つま

- 妻子さいし 처자
- 夫妻ふさい 부부
- 妻つま 아내
- 人妻ひとづま 남의 아내, 유부녀

刷

음 : サツ　　훈 : する

- 刷新さっしん 쇄신
- 印刷いんさつ 인쇄

•• 刷する 인쇄하다

参

음 : サン　　훈 : まいる

参加さんか 참가

- 降参こうさん 항복, 굴복

参まいる 〔겸손한 말〕 가다, 오다

使

음 : シ　　훈 : つかう

- 使役しえき 사역(일을 시킴)
- 駆使くし 구사(자유자재로 씀)

使つかう 쓰다, 사용하다

刺

음 : シ　　훈 : さす　ささる

- 刺激しげき 자극
- 名刺めいし 명함

- 刺さす 찌르다
- 刺さささる 꽂히다, 찔리다

始

음 : シ　　훈 : はじまる　はじめる

- 始終しじゅう 시종(처음과 끝)

開始かいし 개시

始はじまる 시작되다

始はじめる 시작하다

姉

음 : シ　　훈 : あね

姉妹しまい 자매

姉あね 언니, 누나

특 姉ねえさん 〔姉의 높임말〕 누님

枝

음 : シ　　훈 : えだ

- 枝葉しよう 지엽(가지와 잎)
- 枝えだ 가지

祉

음 : シ　　훈 : –

- 福祉ふくし 복지

事

음 : ジ　ズ　　훈 : こと　ごと

事件じけん 사건

事故じこ 사고

火事かじ 화재

●● 好事家こうずか 별난 것을 좋아하는 사람

- 出来事できごと 사건, 일
- 見事みごとだ 훌륭하다, 뛰어나다

仕事しごと 일

侍

음 : ジ　　훈 : さむらい

- 侍従じじゅう 시종
- 侍女じじょ 시녀
- 侍さむらい 무사

治

음 : ジ チ

훈 : なおる なおす
おさまる おさめる

- 政治せいじ 정치
- 自治じち 자치
- 治療ちりょう 치료

治なおる 치료되다

治なおす 치료하다

- 治おさまる 진정되다, 다스려지다
- 治おさめる 다스리다

実

음 : ジツ

훈 : み みのる

実力じつりょく 실력

充実じゅうじつ 충실

実じっは (사)실은

実じっに 실로, 아주

- 実み 열매, 씨앗
- 実みのる 열매를 맺다

舎

음 : シャ

훈 : –

- 舎監しゃかん 사감
- 校舎こうしゃ 교사(학교 건물)

특 田舎いなか 시골, 고향

者

음 : シャ

훈 : もの

医者いしゃ 의사

前者ぜんしゃ 전자

者もの 사람, 자

若者わかもの 젊은이

특 猛者もさ 힘이 세고 용맹한 사람, 강자

邪

음 : ジャ 　　훈 : –

邪魔じゃま 방해
● 正邪せいじゃ 옳고 그름

특 風邪かぜ 감기

若

음 : ジャク　ニャク 　　훈 : わかい　もしくは

● 若年じゃくねん 젊음
● 若干じゃっかん 약간
● 老若ろうにゃく, ろうじゃく 노약(늙은이와 젊은이)
若わかい 젊다
若々わかわかしい 매우 앳되고 젊다
● 若もしくは 혹은, 또는

특 若人わこうど 젊은이

取

음 : シュ 　　훈 : とる

取材しゅざい 취재
● 摂取せっしゅ 섭취
● 取とり替かえる 교환하다
● 取とり組くむ 맞붙다, 몰두하다
● 取とり寄よせる 가까이 끌어당기다, (주문해) 가져오게 하다
● 受取人うけとりにん 받는 사람
● 取とり消けす 취소하다

受

음 : ジュ 　　훈 : うける　うかる

受験じゅけん 수험
● 甘受かんじゅ 감수
受うける 받다
● 受付うけつけ 접수
● 受うかる 합격하다

呪

음 : ジュ　　　훈 : のろう

- 呪文じゅもん　주문
- 呪のろう　저주하다

周

음 : シュウ　　　훈 : まわり

周囲しゅうい　주위
周まわり　주위, 둘레
- 円周えんしゅう　원주, 원의 둘레

宗

음 : シュウ　ソウ　　　훈 : –

宗教しゅうきょう　종교
●● 宗家そうけ　종가, 큰집
- 改宗かいしゅう　개종

叔

음 : シュク　　　훈 : –

- 伯叔はくしゅく　백숙(사 형제 중에서 첫째와 셋째)

특 叔父おじ, しゅくふ	숙부, 이모부 고모부	叔母おば, しゅくぼ	숙모, 이모, 고모

述

음 : ジュツ　　　훈 : のべる

- 叙述じょじゅつ　서술
- 述のべる　진술하다
- 著述ちょじゅつ　저술

所

음 : ショ　　훈 : ところ

所得しょとく 소득
所ところ ～곳, 곁
住所じゅうしょ 주소
台所だいどころ 부엌, 주방
近所きんじょ 근처, 이웃집

尚

음 : ショウ　　훈 : –

- 尚早しょうそう 상조(아직 이름)
- 高尚こうしょう 고상

招

음 : ショウ　　훈 : まねく

招待しょうたい 초대
- 招致しょうち 초치(청해서 오게 함)
- 招まねく 손짓하여 부르다, 초빙하다

承

음 : ショウ　　훈 : うけたまわる

- 承知しょうち 알고 있음
- 承諾しょうだく 승낙
- 継承けいしょう 계승
- 承うけたまわる 삼가 받다('받다'의 겸손한 말)

昇

음 : ショウ　　훈 : のぼる

- 昇進しょうしん 승진
- 上昇じょうしょう 상승
- 昇のぼる 오르다, 올라가다

松

음 : ショウ　　훈 : まつ

- **松竹梅**しょうちくばい　송죽매(소나무, 대나무와 매화)
- **松**まつ　소나무

沼

음 : ショウ　　훈 : ぬま

- **沼沢**しょうたく　소택(늪과 못)
- **湖沼**こしょう　호소(호수와 늪)
- **沼**ぬま　늪

垂

음 : スイ　　훈 : たれる　たらす

- **垂直**すいちょく　수직
- **懸垂**けんすい　현수(매달림)
- **垂**た**れる**　드리워지다, 늘어지다
- **垂**た**らす**　늘어뜨리다

炊

음 : スイ　　훈 : たく

- **炊事**すいじ　취사
- **炊飯器**すいはんき　밥솥
- **雑炊**ぞうすい　채소·어패류·된장 등을 넣어 끓인 죽
- **炊**た**く**　밥을 짓다

制

음 : セイ　　훈 : -

- **制限**せいげん　제한
- **統制**とうせい　통제

姓

음 : セイ　ショウ　　훈 : –

- 姓名せいめい　성명
- 同姓どうせい　동성
- 百姓ひゃくしょう　농사꾼, 농민

征

음 : セイ　　훈 : –

- 征服せいふく　정복
- 遠征えんせい　원정

性

음 : セイ　　훈 : –

性格せいかく　성격

男性だんせい　남성

특 相性あいしょう　성격이 서로 잘 맞음

根性こんじょう　근성

青

음 : セイ　ショウ　　훈 : あお　あおい

- 青天せいてん　푸른 하늘

  青年せいねん　청년
- 緑青ろくしょう　녹청

青あお　푸른색, 파랑

青あおい　푸르다

특 真っ青まっさお　새파란

斉

음 : セイ　　훈 : –

- 斉唱せいしょう　제창
- 一斉いっせい　일제히, 여럿이 한꺼번에

昔

음 : セキ　　훈 : むかし

- 昔日せきじつ　옛날
- 昔むかし　옛날

특 今昔こんじゃく　지금과 옛날

析

음 : セキ　　훈 : –

- 分析ぶんせき　분석
- 解析かいせき　해석

拙

음 : セツ　　훈 : –

- 拙劣せつれつ　졸렬함
- 巧拙こうせつ　교졸(익숙함과 서투름)

狙

음 : ソ　　훈 : ねらう

- 狙撃そげき　저격
- 狙ねらう　노리다, 겨냥하다

阻

음 : ソ　　훈 : はばむ

- 阻止そし　저지
- 阻害そがい　저해(막아서 못하도록 해침, 방해)
- 阻はばむ　막다, 방해하다

卒

음 : ソツ　　훈 : –

- 卒業そつぎょう　졸업
- 兵卒へいそつ　병졸, 군사

卓

음 : タク　　훈 : –

- 卓球たっきゅう　탁구
- 食卓しょくたく　식탁

拓

음 : タク　　훈 : –

- 拓本たくほん　탁본(비석 등에 새겨진 글씨나 모양을 종이에 그대로 떠냄)
- 開拓かいたく　개척

担

음 : タン　　훈 : かつぐ　になう

- 担当たんとう　담당
- 負担ふたん　부담
- 担かつぐ　메다, 지다
- 担になう　짊어지다

知

음 : チ　　　　훈 : しる

知識ちしき 지식
通知つうち 통지

知しる 알다
お知しらせ 알림

宙

음 : チュウ　　　　훈 : –

● 宙返りちゅうがえり 공중제비

宇宙うちゅう 우주

忠

음 : チュウ　　　　훈 : –

忠実ちゅうじつ 충실

● 誠忠せいちゅう 충성

抽

음 : チュウ　　　　훈 : –

● 抽出ちゅうしゅつ 추출

● 抽象ちゅうしょう 추상

注

음 : チュウ　　　　훈 : そそぐ

注意ちゅうい 주의
● 発注はっちゅう 발주(주문을 함)

● 注そそぐ (액체를) 따르다, 쏟아지다

長

음 : チョウ　　　　훈 : ながい

長所ちょうしょ 장점
成長せいちょう 성장

長ながい 길다

直

음 : チョク　ジキ　　　훈 : なおる　なおす　ただちに

直接ちょくせつ　직접
- 直行ちょっこう　직행
- 率直そっちょく　솔직
- 正直しょうじき　정직

直なおる　고쳐지다
直なおす　고치다
- 直ただちに　곧바로

坪

음 : –　　　훈 : つぼ

- 坪つぼ　평
- 建坪たてつぼ　건평(건물이 차지한 밑바닥의 평수)

定

음 : テイ　ジョウ　　　훈 : さだまる　さだめる　さだか

定価ていか　정가
決定けってい　결정
- 定石じょうせき　정석(일정한 방식)

- 定さだまる　정해지다
- 定さだめる　정하다
- 定さだか　명확한 모양, 확실함

底

음 : テイ　　　훈 : そこ

- 海底かいてい　해저, 바다 밑
- 到底とうてい　(부정어와 함께) 도저히, 결국
- 底そこ　바닥

抵

음 : テイ　　훈 : -

- 抵抗ていこう 저항
- 大抵たいてい 대개, 대부분, 적당히

邸

음 : テイ　　훈 : -

- 邸宅ていたく 저택
- 私邸してい 사저, 개인 저택

泥

음 : デイ　　훈 : どろ

- 泥土でいど 진흙
- 雲泥うんでい 구름과 진흙('큰 차이가 있다'는 뜻)
- 泥どろ 진흙, 흙탕
- 泥棒どろぼう 도둑질, 도둑

的

음 : テキ　　훈 : まと

- 的中てきちゅう 적중
- 目的もくてき 목적
- 伝統的でんとうてき 전통적
- 的まと 과녁, 목표

迭

음 : テツ　　훈 : -

- 更迭こうてつ 경질(어떤 직위에 있는 사람을 다른 사람으로 바꿈), 교체

典

음 : テン　　훈 : -

古典こてん　고전

● 式典しきてん　식전, 의식

店

음 : テン　　훈 : みせ

● 店舗てんぽ　점포, 가게

店みせ　가게, 상점

本店ほんてん　본점

妬

음 : ト　　훈 : ねたむ

● 嫉妬しっと　질투

● 妬ねたむ　질투하다

東

음 : トウ　　훈 : ひがし

東西とうざい　동서(동쪽과 서쪽)

北東ほくとう　북동

東京とうきょう　도쿄

東ひがし　동쪽

到

음 : トウ　　훈 : -

到着とうちゃく　도착

● 到底とうてい　(부정어와 함께) 아무리 ~해도, 도저히

毒

음 : ドク　　훈 : –

毒薬どくやく　독약
中毒ちゅうどく　중독

突

음 : トツ　　훈 : つく

突然とつぜん　돌연, 갑자기
● 突つく　찌르다
● 衝突しょうとつ　충돌

届

음 : –　　훈 : とどく　とどける

届とどく　닿다, 미치다
届とどける　닿게 하다, 신고하다
● 行ゆき届とどく　구석구석까지 미치다

奈

음 : ナ　　훈 : –

奈良なら　긴키(近畿) 지방 중앙부에 있는 현(県)

乳

음 : ニュウ　　훈 : ちち　ち

牛乳ぎゅうにゅう　우유
● 乳飲ちのみ子ご　젖먹이
● 乳ちち　젖, 유방

특 乳母うば　유모

念

음 : ネン　　훈 : –

- 念願ねんがん 염원, 소원
- 断念だんねん 단념

波

음 : ハ　　훈 : なみ

- 波及はきゅう 파급
- 電波でんぱ 전파
- 波立なみだつ 파도가 일다, 물결치다

波なみ 파도

특 波止場はとば 선창, 부두

拝

음 : ハイ　　훈 : おがむ

- 拝見はいけん 삼가 봄
- 崇拝すうはい 숭배
- 拝おがむ 공손히 절하다

杯

음 : ハイ　　훈 : さかずき

乾杯かんぱい 건배

一杯いっぱい 가득, 한 잔

- 杯さかずき 술잔

拍

음 : ハク　ヒョウ　　훈 : –

拍手はくしゅ 박수

拍車はくしゃ 박차

- 拍子ひょうし 박자, 장단

泊

음 : ハク　　훈 : とまる　とめる

宿泊しゅくはく　숙박
外泊がいはく　외박
泊とまる　묵다, 숙박하다
泊とめる　숙박시키다, 묵게 하다

迫

음 : ハク　　훈 : せまる

- 迫害はくがい　박해
- 脅迫きょうはく　협박
- 迫せまる　좁혀지다, 막히다

板

음 : ハン　　훈 : いた

- 合板ごうはん　합판
- 掲示板けいじばん　게시판
- 鉄板てっぱん　철판
- 板いた　판자

版

음 : ハン　　훈 : –

- 版画はんが　판화
- 銅板どうばん　동판

出版しゅっぱん　출판

彼

음 : ヒ　　훈 : かれ

- 彼岸ひがん　춘분·추분을 중심으로 한 7일간

彼かれ　그(이)

특 彼女かのじょ　그녀

披

음 : ヒ　　훈 : –

- 披露宴ひろうえん　피로연
- 披見ひけん　(편지·책 등을)　펴 봄

肥

음 : ヒ　　훈 : こえる　こやす

- 肥大ひだい　비대
- 肥料ひりょう　비료
- 肥こえる　살이 찌다
- 肥こやす　살찌게 하다

非

음 : ヒ　　훈 : –

非常ひじょう　비상

非常口ひじょうぐち　비상구

非常ひじょうに　매우

- 是非ぜひ　꼭, 시비(옳고 그름)

泌

음 : ヒツ　ヒ　　훈 : –

- 分泌ぶんぴつ, ぶんぴ　분비
- 泌尿器ひにょうき　비뇨기

表

음 : ヒョウ　　훈 : おもて　あらわれる　あらわす

表現ひょうげん　표현

代表だいひょう　대표

発表はっぴょう　발표

- 表おもて　겉
- 表あらわれる　나타나다
- 表あらわす　나타내다, 표현하다

苗

음 : ビョウ　　훈 : なえ　なわ

- 種苗しゅびょう　종묘(씨앗과 모종)
- 早苗さなえ　볏모
- 苗なえ　모종
- 苗代なわしろ　못자리

府

음 : フ　　훈 : –

- 府県ふけん　부와 현(일본 행정구역)
- 政府せいふ　정부

怖

음 : フ　　훈 : こわい

- 恐怖きょうふ　공포
- 怖こわがる　무서워하다
- 怖こわい　무섭다

阜

음 : フ　　훈 : –

- 岐阜ぎふ　기후(중부 지방 서부 내륙에 있는 현〔県〕)

附

음 : フ　　훈 : –

- 附属ふぞく　부속, 부속품
- 寄附きふ　기부

侮

음 : ブ　　훈 : あなどる

- 侮辱ぶじょく　모욕
- 侮あなどる　경시하다, 깔보다
- 軽侮けいぶ　경모, 경멸

武

음 : ブ ム

훈 : -

武力ぶりょく 무력

武士ぶし 무사

● 荒武者あらむしゃ 난폭한 사람, 용감하나 예의를 모르는 무사

服

음 : フク

훈 : -

服装ふくそう 복장

洋服ようふく 양복

沸

음 : フツ

훈 : わく わかす

● 沸騰ふっとう 물이 끓음

● 煮沸しゃふつ 펄펄 끓임

● 沸わく 끓다

● 沸わき上あがる 끓어오르다

● 沸わかす 데우다, 끓이다

● 湯沸ゆわかし 물 끓이는 주전자

物

음 : ブツ モツ

훈 : もの

物理ぶつり 물리

● 物価ぶっか 물가

見物けんぶつ 구경

● 好物こうぶつ 좋아하는 음식

● 荷物にもつ 짐

● 作物さくもつ 작물

● 貨物かもつ 화물

● 書物しょもつ 서적

物もの 물건, 사물

飲のみ物もの 마실 것, 음료

併

음 : ヘイ　　훈 : あわせる

- 併合へいごう 병합
- 合併がっぺい 합병
- 併あわせる 어우르다, 합치다

並

음 : ヘイ　　훈 : なみ　ならぶ　ならべる

- 並行へいこう 병행
- 並列へいれつ 병렬
- 並木なみき 가로수
- 足並あしなみ 보조, 발걸음

並ならぶ 늘어서다, 줄서다
並ならべる 나란히 하다, 늘어놓다

歩

음 : ホ　ブ　　훈 : あるく　あゆむ

歩道ほどう 보도, 인도
- 徒歩とほ 도보, 걸음

進歩しんぽ 진보

●● 歩合ぶあい 수수료, 비율의 값
歩あるく 걷다
- 歩あゆむ 걷다, 나아가다

奉

음 : ホウ　　훈 : たてまつる

- 奉仕ほうし 봉사
- 信奉しんぽう 신봉

●● 奉たてまつる 바치다

특	奉行ぶぎょう 뜻을 받들어 행함

宝

음 : ホウ　　훈 : たから

宝石ほうせき 보석
国宝こくほう 국보
● 宝たから 보물, 보배
● 宝たからくじ 복권

抱

음 : ホウ　　훈 : だく　いだく　かかえる

● 抱負ほうふ 포부
● 介抱かいほう 간호, 돌봄
● 抱だく 안다
● 抱いだく 껴안다
● 抱かかえる 껴안다

放

음 : ホウ　　훈 : はなす　はなれる　はなつ

放課後ほうかご 방과 후
放送ほうそう 방송
● 追放ついほう 추방
● 放はなす 놓다, 놓아주다
● 手放てばなす 손을 놓다, 내버려두다
● 放はなれる 놓이다, 풀리다
● 放はなつ 놓다, 놓아주다

法

음 : ホウ　ハツ　ホツ　　훈 : -

法律ほうりつ 법률
方法ほうほう 방법
文法ぶんぽう 문법
●● 法度はっと 금령, 법령
●● 法主ほっしゅ, ほうしゅ 〔불교〕 법주

泡

음 : ホウ　　훈 : あわ

- 気泡きほう　기포, 거품
- 発泡はっぽう　발포(거품을 냄)
- 泡あわ　거품
- 泡立あわだつ　거품이 일다

房

음 : ボウ　　훈 : ふさ

- 暖房だんぼう　난방
- 女房にょうぼう　아내, 마누라
- 房ふさ　송이
- 一房ひとふさ　한 떨기, 한 송이

肪

음 : ボウ　　훈 : -

- 脂肪しぼう　지방

牧

음 : ボク　　훈 : まき

- 牧場ぼくじょう, まきば　목장
- 遊牧ゆうぼく　유목(일정한 거처 없이 옮겨 다니면서 목축을 하며 삶)

奔

음 : ホン　　훈 : -

- 奔走ほんそう　분주

妹

음 : マイ　　훈 : いもうと

姉妹しまい 자매　　妹いもうと 여동생

● 義妹ぎまい 의매(의리로 맺은 여동생)

枚

음 : マイ　　훈 : –

枚まい 장(종이처럼 얇고 평평한 것을 세는 말)

枚数まいすう 매수, 장수

枕

음 : –　　훈 : まくら

● 枕まくら 베개

抹

음 : マツ　　훈 : –

● 抹殺まっさつ 말살(있는 사물을 아주 없애 버림)

● 抹消まっしょう 말소, 지워 없앰

味

음 : ミ　　훈 : あじ　あじわう

意味いみ 의미　　味あじ 맛

興味きょうみ 흥미　　● 味あじわう 맛보다

● 三味線しゃみせん 샤미센(일본 고유의 현악기)

岬

음 : –　　훈 : みさき

- 岬みさき 갑(바다 쪽으로, 부리 모양으로 뾰족하게 뻗은 육지), 곶

命

음 : メイ　ミョウ　　훈 : いのち

命令めいれい 명령
運命うんめい 운명
- 寿命じゅみょう 수명
- 命いのち 생명, 목숨

明

음 : メイ　ミョウ　　훈 : あかるい　あく　あける　あかり　あかるむ　あきらか　あくる

明暗めいあん 명암
説明せつめい 설명
鮮明せんめい 선명
- 明日みょうにち 내일(약간 격식 차린 말씨)

明あかるい 밝다, 환하다
明あく 열리다
明あける (날이) 새다, 밝다
- 明あかり 밝은 빛
- 明あかるむ 밝아지다
- 명あきらかだ 분명하다, 뚜렷하다
- 明あくる日ひ 다음날, 이튿날

특 明日あした, あす 내일

免

음 : メン　　훈 : まぬかれる

免許めんきょ 면허
- 免除めんじょ 면제
- 免まぬかれる = 免まぬがれる 면하다, 피하다

茂

음 : モ　　훈 : しげる

- 繁茂はんも　번무, 번성
- 茂しげる　초목이 무성하다

盲

음 : モウ　　훈 : –

- 盲従もうじゅう　맹종(무조건 따르고 복종함)
- 文盲もんもう　문맹

門

음 : モン　　훈 : かど

- 門限もんげん　문 닫는 시각, 통금 시간
  専門せんもん　전문
- 門かど　문, 집 앞
- 門松かどまつ　새해에 문 앞에 세우는 소나무 장식

夜

음 : ヤ　　훈 : よる よ

- 徹夜てつや　철야
  夜よる　밤
- 夜明よあけ　새벽
- 夜中よなか　한밤 중

弥

음 : –　　훈 : や

- 弥生時代やよいじだい　야요이 시대(기원 전 3세기경~3세기 중반까지의 시대)

油

음 : ユ　　훈 : あぶら

- 油脂ゆし 유지(우유에 들어 있는 지방)
- 石油せきゆ 석유
- 油あぶら 기름

拉

음 : ラ　　훈 : –

- 拉致らち 납치

林

음 : リン　　훈 : はやし

- 林業りんぎょう 임업
- 山林さんりん 산림(산과 숲)
- 林はやし 숲
- 松林まつばやし 솔숲, 송림

例

음 : レイ　　훈 : たとえる

- 例れい 예
- 例外れいがい 예외
- 例年れいねん 예년(보통의 해)
- 例たとえる 예를 들다
- 例たとえば 예를 들면, 예컨대

炉

음 : ロ　　훈 : –

- 暖炉だんろ 난로
- 原子炉げんしろ 원자로

和

음 : ワ オ

훈 : やわらぐ やわらげる なごむ なごやか

- **和解**わかい 화해
  和服わふく 일본 옷
- **柔和**にゅうわ 유화(성품이 부드럽고 온화함)
- **和尚**おしょう 화상(수행을 많이 한 승려)
- **和**やわ**らぐ** 누그러지다, 풀리다
- **和**やわ**らげる** 부드럽게 하다, 누그러뜨리다
- **和**なご**む** 누그러지다
- **和**なご**やかだ** 평온하다, 부드럽다

특 **日和**ひより 날씨, 일기
大和絵やまとえ 일본화의 한 유파
大和魂やまとだましい 일본 민족의 고유한 정신

枠

음 : –

훈 : わく

- **枠**わく 테두리, 틀
- **窓枠**まどわく 창틀

9획 한자

哀

음 : アイ

훈 : あわれ あわれむ

- **哀願**あいがん 애원
- **悲哀**ひあい 비애
- **哀**あわ**れ** 애처로움, 가엾음
- **哀**あわ**れむ** 가엾게 여기다

威

음 : イ　　훈 : –

- 威力いりょく 위력
- 示威じい 시위

為

음 : イ　　훈 : –

行為こうい 행위
- 為政者いせいしゃ 위정자

특 為替かわせ 환(換)

胃

음 : イ　　훈 : –

- 胃腸いちょう 위장
- 胃炎いえん 위염

映

음 : エイ　　훈 : うつる　うつす　はえる

映画えいが 영화
反映はんえい 반영
- 映うつる 비치다
- 映うつす 비추다
- ●● 映はえる 빛나다, 한층 돋보이다

栄

음 : エイ　　훈 : さかえる　はえ　はえる

栄養えいよう 영양
- 繁栄はんえい 번영
- 栄さかえる 번영하다, 번창하다
- 見栄みばえ 볼품이 좋음

屋

음 : オク　　훈 : や

- 屋上おくじょう　옥상
- 家屋かおく　가옥
- 屋根やね　지붕

部屋へや　방

～屋や　～가게

花屋はなや　꽃집

●● 母屋おもや　안채

卸

음 : –　　훈 : おろす　おろし

- 卸おろす　도매하다, (무 등을) 갈다
- 卸おろし　도매

音

음 : オン　イン　　훈 : おと　ね

音楽おんがく　음악

- 騒音そうおん　소음
- 福音ふくいん　복음
- 音信不通いんしんふつう, おんしんふつう　소식불통

音おと　소리

●● 音色ねいろ　음색

특 観音かんのん　관음

科

음 : カ　　훈 : –

科学かがく　과학

科目かもく　과목

教科書きょうかしょ　교과서

- 外科げか　외과

悔

음 : カイ　　훈 : くいる　くやむ　くやしい

- 悔恨かいこん　회한
  後悔こうかい　후회
- 悔くいる　후회하다
- 悔くやむ　후회하다
- 悔くやしい　분하다, 억울하다

海

음 : カイ　　훈 : うみ

海外かいがい　해외
- 海岸かいがん　해안
- 航海こうかい　항해

海うみ　바다

특 海女あま　해녀　　海原うなばら　넓은 바다

界

음 : カイ　　훈 : -

世界せかい　세계　　限界げんかい　한계

皆

음 : カイ　　훈 : みな

- 皆無かいむ　전혀 없음
- 皆勤かいきん　개근

皆みな　모두

柿

음 : -　　훈 : かき

- 柿かき　감(나무)

革

음 : カク　　훈 : かわ

- 革新かくしん 혁신
- 改革かいかく 개혁
- 革かわ 가죽

活

음 : カツ　　훈 : –

活動かつどう 활동

生活せいかつ 생활

巻

음 : カン　　훈 : まく　まき

- 巻頭かんとう 책의 첫머리
- 圧巻あっかん 압권
- 巻まく 말다, 감다
- 巻まきの一いち 제1권

看

음 : カン　　훈 : –

- 看板かんばん 간판
- 看護婦かんごふ 간호사

紀

음 : キ　　훈 : –

- 紀元きげん 기원
- 風紀ふうき 풍기

軌

음 : キ　　훈 : –

- 軌道きどう 궤도
- 常軌じょうき 항상 따라야 할 바른 길

客

음 : キャク　カク　　훈 : –

お客きゃく 손님
- 客車きゃくしゃ 객차
- 乗客じょうきゃく 승객
- 客死かくし 객사
- 旅客りょかく 여객

逆

음 : ギャク　　훈 : さか　さからう

- 逆転ぎゃくてん 역전
- 順逆じゅんぎゃく 순종과 거역
- 逆立さかだつ 거꾸로 서다
- 逆さかさま 거꾸로 됨
- 逆さからう 거역하다, 거스르다

虐

음 : ギャク　　훈 : しいたげる

- 虐待ぎゃくたい 학대
- 残虐ざんぎゃく 잔학
- 虐しいたげる 학대하다

急

음 : キュウ　　훈 : いそぐ

急速きゅうそく 급속
- 緊急きんきゅう 긴급

急きゅうに 갑자기
急いそぐ 서두르다

峡

음 : キョウ　　훈 : –

- 峡谷きょうこく 협곡
- 海峡かいきょう 해협

挟

음 : キョウ　　훈 : はさむ　はさまる

- 挟撃きょうげき　협격, 협공
- 挟はさむ　끼우다
- 挟はさまる　사이에 끼이다

狭

음 : キョウ　　훈 : せまい　せばまる　せばめる

- 狭量きょうりょう　협량(좁은 도량)
- 偏狭へんきょう　편협(한쪽으로 치우쳐 너그럽지 못함)
- 狭せまい　좁다
- 狭せばまる　좁아지다
- 狭せばめる　좁히다

軍

음 : グン　　훈 : –

軍隊ぐんたい　군대

空軍くうぐん　공군

係

음 : ケイ　　훈 : かかる　かかり

- 係争けいそう　계쟁(소송 당사자끼리 법률상으로 다툼)

関係かんけい　관계

係かかる　관계되다

係かかり　계, 담당

係員かかりいん　계원, 담당자

型

음 : ケイ　　훈 : かた

- 模型もけい　모형

型かた　모양, 형태

- 血液型けつえきがた　혈액형
- 大型おおがた　대형
- 小型こがた　소형

契

음 : ケイ

훈 : ちぎる

- 契約けいやく 계약
- 契機けいき 계기
- 契ちぎる 장래를 굳게 약속하다

計

음 : ケイ

훈 : はかる はからう

- 計算けいさん 계산
- 計画けいかく 계획
- 時計とけい 시계
- 計はかる (무게를) 달다, 재다
- 計はからう 처리하다

建

음 : ケン コン

훈 : たつ たてる

- 建築けんちく 건축
- 封建的ほうけんてき 봉건적
- 建立こんりゅう 건립
- 建たつ 서다
- 建たてる 세우다

研

음 : ケン

훈 : とぐ

- 研究けんきゅう 연구
- 研修けんしゅう 연수
- 研とぐ 갈다

県

음 : ケン　　훈 : –

~県けん　~현
● 県庁けんちょう　현청(한국의 도청에 해당)
● 県立けんりつ　현립(현에서 설립함)

限

음 : ゲン　　훈 : かぎる

限度げんど　한도
期限きげん　기한
● 限かぎる　제한하다, 한하다

孤

음 : コ　　훈 : –

● 孤児こじ　고아
● 孤独こどく　고독

故

음 : コ　　훈 : ゆえ

● 故郷こきょう　고향
事故じこ　사고
●● 故ゆえに　그러므로, 따라서

枯

음 : コ　　훈 : かれる　からす

● 枯死こし　고사(말라 죽음)
● 栄枯えいこ　영고(번성함과 쇠퇴함)
● 枯かれる　마르다, 시들다
● 枯かれ木き　고목(마른 나무)
● 枯からす　시들게 하다

後

음 : ゴ　コウ　　훈 : うしろ　あと　のち　おくれる

最後さいご　마지막
以後いご　이후
● 後悔こうかい　후회
● 後半こうはん　후반
後輩こうはい　후배

後うしろ　뒤
後あと　나중
● 後のちの世よ　장래, 후세
後おくれる　뒤떨어지다

厚

음 : コウ　　훈 : あつい

● 厚生こうせい　후생
● 濃厚のうこう　농후, 진함

● 厚あつい　두껍다, 두텁다

洪

음 : コウ　　훈 : –

● 洪水こうずい　홍수
● 洪積層こうせきそう　〔지리〕 홍적층

皇

음 : コウ　オウ　　훈 : –

● 皇帝こうてい　황제
● 皇后こうごう　황후

● 法皇ほうおう　법황, 교황

특 天皇てんのう　천황

紅

음 : コウ　ク　　훈 : べに　くれない

- 紅茶こうちゃ　홍차
- ● 紅葉こうよう, もみじ　단풍
- ● 真紅しんく　진홍(짙은 붉은색)
- ● 口紅くちべに　입술 연지, 립스틱
- ●● 紅くれない　다홍

荒

음 : コウ　　훈 : あらい　あれる　あらす

- ● 荒廃こうはい　황폐
- ● 荒涼こうりょう　황량
- ● 荒あらい　거칠다, 세차다
- ● 荒あれる　거칠어지다
- ● 荒あらす　휩쓸다, 파손하다

郊

음 : コウ　　훈 : –

- ● 郊外こうがい　교외
- ● 近郊きんこう　근교

香

음 : コウ　キョウ　　훈 : かおり　かおる

- 香水こうすい　향수
- ● 線香せんこう　선향(긴 선모양의 향)
- ●● 香車きょうしゃ　일본 장기짝의 하나
- 香かおり　향기
- 香かおる　향기가 나다

恨

음 : コン　　훈 : うらむ　うらめしい

- 痛恨つうこん 통한
- 悔恨かいこん 회한(뉘우치고 한탄함)
- 恨うらむ 원망하다
- 恨うらめしい 원망스럽다

査

음 : サ　　훈 : –

- 査察ささつ 사찰
- 調査ちょうさ 조사

砂

음 : サ　シャ　　훈 : すな

- 砂丘さきゅう 사구, 모래 언덕
- 砂糖さとう 설탕
- 土砂どしゃ 토사(흙과 모래)
- 砂すな 모래

특 砂利じゃり 자갈

砕

음 : サイ　　훈 : くだける　くだく

- 砕石さいせき 잘게 부순 돌
- 粉砕ふんさい 분쇄
- 砕くだける 부서지다
- 砕くだく 부수다

削

음 : サク　　훈 : けずる

- 削減さくげん 삭감
- 添削てんさく 첨삭
- 削けずる 깎다, 삭제하다

昨

음 : サク　　훈 : –

昨年さくねん 작년
- 一昨日いっさくじつ 그저께

특 昨日きのう 어제

柵

음 : サク　　훈 : –

- 柵さく 울타리나 우리
- 木柵もくさく 나무 울타리

咲

음 : –　　훈 : さく

咲さく 꽃이 피다

拶

음 : サツ　　훈 : –

- 挨拶あいさつ 인사

姿

음 : シ　　훈 : すがた

- 姿勢しせい 자세
- 姿すがた 모습, 형체
- 容姿ようし 얼굴 모양이나 자태

思

음 : シ　　　　훈 : おもう

- 思想しそう　사상
- 意思いし　의사, 생각

思おもう　생각하다
思おもい出で　추억

指

음 : シ　　　　훈 : ゆび　さす

- 指示しじ　지시

指導しどう　지도
指ゆび　손가락

- 指さす　가리키다
- 指図さしず　지시, 지휘

施

음 : シ　セ　　　　훈 : ほどこす

- 施設しせつ　시설
- 実施じっし　실시
- ●● 布施ふせ　보시(불가에 올리는 재물)
- 施ほどこす　베풀다

持

음 : ジ　　　　훈 : もつ

- 持参じさん　지참
- 支持しじ　지지

持もつ　가지다, 들다, 유지되다

室

음 : シツ　　훈 : むろ

室内しつない　실내

教室きょうしつ　교실

● 皇室こうしつ　황실

●● 室むろ　외기(外氣)를 막고 온도가 일정하게 유지되도록 한 방

●● 室咲むろざき　온실에서 꽃을 피움

狩

음 : シュ　　훈 : かる　かり

● 狩猟しゅりょう　수렵, 사냥

● 狩かる　사냥하다

● 狩かり　사냥

首

음 : シュ　　훈 : くび

首席しゅせき　수석

自首じしゅ　자수

首くび　목, 고개

拾

음 : シュウ　　훈 : ひろう

● 拾得しゅうとく　습득

● 収拾しゅうしゅう　수습

拾ひろう　줍다

秋

음 : シュウ　　훈 : あき

- 秋分しゅうぶん 추분
- ● 晩秋ばんしゅう 만추(늦가을)
- 秋あき 가을

臭

음 : シュウ　　훈 : くさい

- ● 臭気しゅうき 취기, 악취
- ● 悪臭あくしゅう 악취(나쁜 냄새)
- 臭くさい 역한 냄새가 나다

柔

음 : ジュウ　ニュウ　　훈 : やわらか　やわらかい

- ● 柔軟じゅうなん 유연
- 柔道じゅうどう 유도
- ● 柔和にゅうわ 유화(부드럽고 온화함)
- ● 柔弱にゅうじゃく 유약, 연약함
- ● 柔やわらかだ 부드럽다
- ● 柔やわらかい 부드럽다

重

음 : ジュウ　チョウ　　훈 : おもい　え　かさなる　かさねる

- 重態じゅうたい 중태
- 体重たいじゅう 체중
- ● 貴重きちょう 귀중
- ● 慎重しんちょう 신중
- ● 丁重ていちょう 정중
- ● 尊重そんちょう 존중
- 重おもい 무겁다
- ● 二重ふたえ 이중
- ● 重かさなる 겹쳐지다
- ● 重かさねる 겹치다

祝

음 : シュク シュウ　　훈 : いわう

祝日しゅくじつ 공휴일

● 祝言しゅうげん 축하의 말, 축사

● 慶祝けいしゅく 경축

祝いわう 축하하다

특 祝詞のりと 신에게 올리는 문장, 축문

春

음 : シュン　　훈 : はる

● 春季しゅんき 춘계

春はる 봄

青春せいしゅん 청춘

盾

음 : ジュン　　훈 : たて

● 矛盾むじゅん 모순

● 盾たて 방패

叙

음 : ジョ　　훈 : –

● 叙述じょじゅつ 서술

● 叙景じょけい 서경(경치를 문장으로 서술함)

昭

음 : ショウ　　훈 : –

● 昭和しょうわ 쇼와(서기 1926년부터 1989년까지의 일본 연호)

乗

음 : ジョウ　　훈 : のる　のせる

- 乗車じょうしゃ　승차
- ● 搭乗とうじょう　탑승
- 乗のる　(버스 등을) 타다
- 乗のり物もの　탈 것
- 乗のせる　타게 하다, 태우다

城

음 : ジョウ　　훈 : しろ

- ● 大阪城おおさかじょう　오사카 성
- ● 城しろ　성

浄

음 : ジョウ　　훈 : -

- ● 浄化じょうか　정화
- ● 清浄しょうじょう　청정

拭

음 : ショク　　훈 : ふく　ぬぐう

- ● 払拭ふっしょく　불식(의심이나 부조리한 점 등을 깨끗이 없앰)
- ● 拭ふく　닦다
- ● 拭ぬぐう　닦다

食

음 : ショク　ジキ　　훈 : たべる　くう　くらう

- 食事しょくじ　식사
- 食生活しょくせいかつ　식생활
- 食料品しょくりょうひん　식료품
- ● 断食だんじき　단식
- 食たべる　먹다
- 食たべ物もの　음식물
- ● 食くう　먹다
- ● 食くい物もの　먹을 것, 음식
- ● 食くらう　먹다, 마시다, 당하다

侵

음 : シン　　훈 : おかす

- 侵入しんにゅう　침입
- 侵害しんがい　침해
- 侵おかす　침범하다

信

음 : シン　　훈 : –

信用しんよう　신용

自信じしん　자신

信しんじる　믿다

津

음 : シン　　훈 : つ

- 興味津々きょうみしんしん　흥미진진
- 津波つなみ　해일
- 津々浦々つつうらうら　방방곡곡

神

음 : シン　　훈 : かみ

神経しんけい　신경

精神せいしん　정신

神かみ　신

특 神社じんじゃ　신사

お神酒みき　신전에 올리는 술

神楽かぐら　신에게 제사 지낼 때 연주하는 일본 고유의 무악

甚

음 : ジン　　　훈 : はなはだ　はなはだしい

- 甚大じんだい　심대함, 막대함
- 甚はなはだ　매우, 대단히
- 甚はなはだしい　심하다

帥

음 : スイ　　　훈 : -

- 統帥とうすい　통수(어떤 무리를 거느리거나 다스림)
- 元帥げんすい　원수(장성 계급 중에 가장 높은 계급)

是

음 : ゼ　　　훈 : -

- 是非ぜひ　시비(옳고 그름), 꼭, 반드시
- 是認ぜにん　시인(어떤 내용 또는 사실을 옳다고 인정함)

政

음 : セイ　ショウ　　　훈 : まつりごと

政治せいじ　정치

- 行政ぎょうせい　행정

家政かせい　가정

- 摂政せっしょう　섭정(임금을 대신하여 정치하는 것)
- 政まつりごと　정사(영토와 국민을 다스림)

星

음 : セイ　　훈 : ほし

- 星座せいざ　성좌(별자리)
- 衛星えいせい　위성

星ほし　별

특 明星みょうじょう　금성

牲

음 : セイ　　훈 : –

- 犠牲ぎせい　희생

省

음 : ショウ　セイ　　훈 : はぶく　かえりみる

- 省しょうエネ　에너지 절약
- 省略しょうりゃく　생략
- 反省はんせい　반성
- 帰省きせい　귀성
- 省はぶく　생략하다, 없애다
- 省かえりみる　반성하다

窃

음 : セツ　　훈 : –

- 窃盗せっとう　절도(남의 물건을 몰래 훔침)
- 窃取せっしゅ　절취(남의 물건을 몰래 훔치어 가짐)

宣

음 : セン　　훈 : –

宣言せんげん　선언

宣伝せんでん　선전

専

음 : **セン**　　훈 : **もっぱら**

- 専門せんもん 전문
- ● 専属せんぞく 전속
- 専用せんよう 전용(일정 부문에만 한정하여 씀)
- ● 専もっぱら 오로지, 한결같이

泉

음 : **セン**　　훈 : **いずみ**

- 温泉おんせん 온천
- 源泉げんせん 원천
- ● 泉いずみ 샘

浅

음 : **セン**　　훈 : **あさい**

- ● 浅薄せんぱく 천박
- ● 深浅しんせん 깊고 얕음
- ● 浅あさい 얕다

洗

음 : **セン**　　훈 : **あらう**

- 洗面せんめん 세면, 세수
- ● 洗練せんれん 세련
- 洗剤せんざい 세제
- 洗濯機せんたくき 세탁기
- 洗あらう 씻다
- 手洗てあらい 손을 씻음, 화장실

染

음 : **セン**　　훈 : **そまる　そめる　しみる　しみ**

- ● 染色せんしょく 염색
- ● 汚染おせん 오염
- ● 染そまる 물들다, 염색되다
- ● 染そめる 물들이다, 염색하다
- ● 染しみる 스며들다, 번지다
- ● 染しみ 얼룩

前

음 : **ゼン** 훈 : **まえ**

前後ぜんご 전후, 앞뒤

午前ごぜん 오전

前まえ 앞, 이전

● **前向**まえむ**き** 앞을 향함, 긍정적인 생각이나 태도

名前なまえ 이름

祖

음 : **ソ** 훈 : –

祖父そふ 조부, 할아버지

祖母そぼ 조모, 할머니

● **元祖**がんそ 원조

● **先祖**せんぞ 선조, 조상

奏

음 : **ソウ** 훈 : **かなでる**

演奏えんそう 연주

● **合奏**がっそう 합주

● **奏**かな**でる** 연주하다

相

음 : **ソウ ショウ** 훈 : **あい**

● **相場**そうば 시세

相談そうだん 상담

● **首相**しゅしょう 수상

相手あいて 상대

● **相次**あいつ**ぐ** 계속되다, 이어지다

荘

음 : **ソウ** 훈 : –

● **荘厳**そうごん 장엄

● **別荘**べっそう 별장

草

음 : ソウ　　훈 : くさ

- 草案そうあん 조안, 첫 안
- 雑草ざっそう 잡초
- 草くさ 풀, 잡초
- 草花くさばな 화초

특 草履ぞうり 일본식 짚신

送

음 : ソウ　　훈 : おくる

- 送別会そうべつかい 송별회
- 放送ほうそう 방송
- 送おくる 보내다
- 見送みおくり 배웅

促

음 : ソク　　훈 : うながす

- 促進そくしん 촉진
- 催促さいそく 재촉
- 促うながす 재촉하다, 독촉하다

則

음 : ソク　　훈 : –

- 規則きそく 규칙
- 校則こうそく 학교 규칙

俗

음 : ゾク　　훈 : –

- 風俗ふうぞく 풍속, 풍습
- 民俗みんぞく 민속

耐

음 : タイ　　훈 : たえる

- 耐久たいきゅう 내구(오래 견딤)
- 忍耐にんたい 인내
- 耐たえる 견디다, 참다

待

음 : タイ　　훈 : まつ

- 待避たいひ 대피
  期待きたい 기대
- 待まつ 기다리다

怠

음 : タイ　　훈 : なまける　おこたる

- 怠慢たいまん 태만
- 怠業たいぎょう 태업
- 怠なまける 게으름 피우다
- 怠おこたる 게을리하다

胎

음 : タイ　　훈 : –

- 胎動たいどう 태동
- 母胎ぼたい 모태

退

음 : タイ　　훈 : しりぞく　しりぞける

退屈たいくつ 지루함, 심심함
進退しんたい 진퇴

- 退しりぞく 물러나다
- 退しりぞける 물리치다

특 立たち退のく 떠나다, 물러나다

単

음 : タン　　훈 : –

単独たんどく　단독
簡単かんたん　간단

炭

음 : タン　　훈 : すみ

- 炭鉱たんこう　탄광
- 石炭せきたん　석탄
- 炭すみ　숯, 목탄
- 炭火すみび　숯불

胆

음 : タン　　훈 : –

- 大胆だいたん　대담
- 落胆らくたん　낙담(마음이 몹시 상함)

段

음 : ダン　　훈 : –

階段かいだん　계단
手段しゅだん　수단(어떤 목적을 이루기 위한 방법)

茶

음 : チャ　サ　　훈 : –

お茶ちゃ　차(茶의 공손한 말)
茶色ちゃいろ　갈색
- 茶道さどう　다도

喫茶店きっさてん　다방, 찻집

昼

음 : **チュウ** 훈 : **ひる**

- **昼夜**ちゅうや 주야(낮과 밤)
  昼食ちゅうしょく 점심
  昼ひる 낮, 정오
  昼寝ひるね 낮잠

柱

음 : **チュウ** 훈 : **はしら**

- **電柱**でんちゅう 전신주, 전봇대
- **円柱**えんちゅう 원주, 원기둥
- **柱**はしら 기둥
- **大黒柱**だいこくばしら 대들보, 집의 중심에 세우는 굵은 기둥

挑

음 : **チョウ** 훈 : **いどむ**

- **挑戦**ちょうせん 도전
- **挑発**ちょうはつ 도발
- **挑**いど**む** 덤벼들다, 도전하다

勅

음 : **チョク** 훈 : –

- **勅使**ちょくし 칙사(임금의 명령을 전달하는 사신)
- **詔勅**しょうちょく 조칙, 조서(임금의 명령을 일반에게 알릴 목적으로 적은 문서)

珍

음 : チン　　　훈 : めずらしい

- 珍重ちんちょう　진중(진귀하고 소중하다)
- 珍妙ちんみょう　진묘(진귀하고 절묘하다), 기묘

　珍めずらしい　드물다, 희귀하다

追

음 : ツイ　　　훈 : おう

- 追求ついきゅう　추구
- 追突ついとつ　추돌
- 追おう　쫓다
- 追おい付つく　따라붙다
- 追おい越こす　추월하다

亭

음 : テイ　　　훈 : –

- 亭主ていしゅ　주인, 남편
- 料亭りょうてい　고급 요릿집

貞

음 : テイ　　　훈 : –

- 貞淑ていしゅく　정숙
- 貞節ていせつ　정절, 절개

帝

음 : テイ　　　훈 : –

- 帝国ていこく　제국
- 皇帝こうてい　황제

訂

음 : テイ　　훈 : –

- 訂正ていせい　정정(글자나 글 등의 잘못된 점을 고쳐 바로잡음)
- 改訂かいてい　개정

点

음 : テン　　훈 : –

点てん　점, 점수

点火てんか　점화

- 採点さいてん　채점

度

음 : ド　ト　タク　　훈 : たび

～度ど　～번

- 度胸どきょう　담력, 배짱

制度せいど　제도

●● 法度はっと　법도, 법령

- 支度したく　채비, 준비
- この度たび　이번, 금번
- 度重たびかさなる　거듭되다, 되풀이되다

怒

음 : ド　　훈 : おこる　いかる

- 怒号どごう　노호(화가 나서 소리 지름)
- 激怒げきど　격노(몹시 화를 냄)

怒おこる　성내다, 화내다

怒いかる　성내다, 화내다

逃

음 : トウ　　훈 : にげる　にがす　のがす　のがれる

- 逃走とうそう　도주
- 逃避とうひ　도피

逃にげる　도망치다, 달아나다

- 逃にがす　놓아주다
- 逃のがす　놓치다
- 見逃みのがす　못보다, 눈감아주다
- 逃のがれる　달아나다, 도망치다

洞

음 : ドウ　　훈 : ほら

- 洞察どうさつ　통찰
- 空洞くうどう　빈굴, 속 빔
- •• 洞穴ほらあな　동굴

峠

음 : –　　훈 : とうげ

- 峠とうげ　산마루, 고개

独

음 : ドク　　훈 : ひとり

独立どくりつ　독립

単独たんどく　단독

独ひとり　혼자, 독신

南

음 : ナン　ナ　　훈 : みなみ

南北なんぼく　남북

- 南端なんたん　남단
- •• 南無なむ　〔불교〕 나무('돌아가 의지한다', '믿고 받들며 순종한다'의 뜻)

南みなみ　남, 남쪽

虹

음 : –　　훈 : にじ

- 虹にじ　무지개

派

음 : ハ　　훈 : –

- 派遣はけん　파견
- 特派員とくはいん　특파원

背

음 : ハイ　　훈 : せ　そむく　そむける

背後はいご　배후
背景はいけい　배경
背せ　등
背中せなか　등, 뒷면
- 背そむく　등지다, 등을 돌리다
- 背そむける　돌리다, 외면하다

肺

음 : ハイ　　훈 : –

- 肺炎はいえん　폐렴
- 肺活量はいかつりょう　폐활량

畑

음 : –　　훈 : はた　はたけ

- 畑作はたさく　밭농사
- 畑はたけ　밭
- 麦畑むぎばたけ　보리밭

発

음 : ハツ　ホツ　　훈 : たつ

発売はつばい　발매
発生はっせい　발생
発想はっそう　발상
発達はったつ　발달
発見はっけん　발견
発展はってん　발전
出発しゅっぱつ　출발
● 反発はんぱつ　반발
●● 発作ほっさ　발작
●● 発端ほったん　발단
●● 発起ほっき　발기
● 発たつ　떠나다

卑

음 : ヒ　　훈 : いやしい　いやしむ　いやしめる

● 卑屈ひくつ　비굴
● 卑下ひげ　비하(스스로를 낮춤)
● 卑いやしい　천하다, 지위가 낮다
● 卑いやしむ　경멸하다, 멸시하다
● 卑いやしめる　경멸하다, 멸시하다

飛

음 : ヒ　　훈 : とぶ　とばす

飛行機ひこうき　비행기
飛とぶ　날다, 날아가다
● 飛とばす　날리다, 날게 하다

眉

음 : ビ　ミ　　훈 : まゆ

● 愁眉しゅうび　수미(근심으로 얼굴을 찌푸림)
● 眉間みかん　미간(눈썹과 눈썹 사이)
● 眉まゆ　눈썹

美

음 : ビ　　훈 : うつくしい

美術びじゅつ 미술
● 賛美さんび 찬미
美うつくしい 아름답다

秒

음 : ビョウ　　훈 : –

● 秒速びょうそく 초속
● 寸秒すんびょう 촌초(아주 짧은 시간)

品

음 : ヒン　　훈 : しな

商品しょうひん 상품
製品せいひん 제품
● 品切しなぎれ 품절
● 品物しなもの 물건

訃

음 : フ　　훈 : –

● 訃報ふほう 부보(죽음을 알리는 통지)

負

음 : フ　　훈 : おう　まける　まかす

負担ふたん 부담
● 負傷ふしょう 부상
勝負しょうぶ 승부
● 負おう 짊어지다, 업다
● 背負せおう 짊어지다, 업다
負まける 지다, 패하다, 값을 깎아주다
● 負まかす 이기다

赴

음 : フ　　훈 : おもむく

- 赴任ふにん　부임
- 赴おもむく　향하다, 향하여 가다

封

음 : フウ　ホウ　　훈 : –

- 封鎖ふうさ　봉쇄
- 密封みっぷう　밀봉
- 封建的ほうけんてき　봉건적

風

음 : フウ　フ　　훈 : かぜ　かざ

風俗ふうぞく　풍속, 풍습

風車ふうしゃ, かざぐるま　풍차

強風きょうふう　강풍

風呂ふろ　목욕, 욕조

●● 風情ふぜい　풍치, 운치

風かぜ　바람

そよ風かぜ　산들바람

- 風上かざかみ　바람이 불어오는 쪽

특 風邪かぜ　감기

柄

음 : ヘイ　　훈 : がら　え

●● 横柄おうへい　건방짐

- 柄がら　격, 품위
- 家柄いえがら　집안, 가문
- 人柄ひとがら　인품, 사람됨
- 柄え　자루, 손잡이

変

음 : ヘン　　훈 : かわる　かえる

変へんだ　이상하다
変化へんか　변화
大変たいへん　매우, 몹시
大変たいへんだ　힘들다
変かわる　변하다, 바뀌다, 특이하다
変かえる　바꾸다

便

음 : ベン　ビン　　훈 : たより

便利べんり　편리
~便びん　~편
郵便局ゆうびんきょく　우체국
● 便たより　소식, 편지

保

음 : ホ　　훈 : たもつ

● 保護ほご　보호
保存ほぞん　보존
● 保たもつ　지키다, 가지다

胞

음 : ホウ　　훈 : -

● 同胞どうほう　동포
● 細胞さいぼう　세포

某

음 : ボウ　　훈 : -

● 某国ぼうこく　어떤 나라
● 某氏ぼうし　어떤 분

冒

음 : ボウ　　훈 : おかす

- 冒険ぼうけん 모험
- 冒頭ぼうとう 모두(말이나 글의 첫머리), 서두
- 冒おかす 무릅쓰다

勃

음 : ボツ　　훈 : -

- 勃起ぼっき 갑자기 불끈 일어남

盆

음 : ボン　　훈 : -

お盆ぼん 백중맞이, 음력 7월 보름

盆踊ぼんおどり 음력 7월 15일 밤에 남녀가 모여서 추는 춤

- 盆栽ぼんさい 분재

昧

음 : マイ　　훈 : -

- 曖昧あいまい 애매함, 모호함

迷

음 : メイ　　훈 : まよう

迷惑めいわく 폐(남에게 끼치는 신세)

- 低迷ていめい 침체 상태, 여의치 않다, 맴돌다
- 迷まよう 망설이다, 길을 잃다

특	迷子まいご 미아

面

음 : メン　　훈 : おも　おもて　つら

面会めんかい 면회
方面ほうめん 방면
● 面影おもかげ 모습
● 面おもて 얼굴, 안면
● 面つら 낯짝, 표면

約

음 : ヤク　　훈 : -

約束やくそく 약속
節約せつやく 절약

勇

음 : ユウ　　훈 : いさむ

● 勇敢ゆうかん 용감
勇気ゆうき 용기
● 勇いさむ 기운이 솟다, 힘이 솟다
● 勇いさましい 용감하다, 용맹스럽다

幽

음 : ユウ　　훈 : -

● 幽霊ゆうれい 유령
● 幽玄ゆうげん 유현(깊고 그윽하며 미묘함)

洋

음 : ヨウ　　훈 : -

● 洋風ようふう 서양풍, 양식
洋服ようふく 양복, 옷
西洋せいよう 서양

要

음 : ヨウ　　훈 : いる

要件ようけん 요건
重要じゅうよう 중요
- 要いる 필요하다

律

음 : リツ　リチ　　훈 : -

- 規律きりつ 규율
- 法律ほうりつ 법률
- 律儀りちぎ 의리가 두터움, 성실하고 정직함

柳

음 : リュウ　　훈 : やなぎ

- 花柳界かりゅうかい 화류계
- 柳やなぎ 버드나무
- 柳腰やなぎごし 유요(버들가지처럼 가늘고 부드러운 허리)

侶

음 : リョ　　훈 : -

- 僧侶そうりょ 승려, 스님
- 伴侶はんりょ 반려, 동반자

厘

음 : リン　　훈 : -

- 一分一厘いちぶいちりん 아주 적음

郎

음 : ロウ　　훈 : -

- 新郎しんろう 신랑

10획 한자

案

음 : アン　　훈 : –

案内あんない　안내
● 提案ていあん　제안

員

음 : イン　　훈 : –

会社員かいしゃいん　회사원
満員まんいん　만원

院

음 : イン　　훈 : –

院内いんない　원내
病院びょういん　병원

益

음 : エキ　　훈 : –

● 有益ゆうえき　유익
● 利益りえき　이익

宴

음 : エン　　훈 : –

宴会えんかい　연회, 잔치
● 披露宴ひろうえん　피로연

桜

음 : オウ　　훈 : さくら

●● 桜花おうか　벚꽃
桜さくら　벚꽃
●● 観桜かんおう　벚꽃 구경

俺

음 : –　　　　훈 : おれ

- 俺おれ　나(주로 남자가 동료 또는 아랫사람에게 사용)

恩

음 : オン　　　　훈 : –

恩人おんじん　은인

- 謝恩しゃおん　사은

夏

음 : カ　　　　훈 : なつ

夏期かき　하기

夏なつ　여름

- 初夏しょか　초여름

특 夏至げし　하지

家

음 : カ　ケ　ヤ　　　　훈 : いえ　うち

家族かぞく　가족

家庭かてい　가정

作家さっか　작가

- 家来けらい　부하
- 出家しゅっけ　출가
- 家賃やちん　집세
- 空家あきや　빈집
- 大家おおや　셋집 주인

家いえ, うち　집

- 家出いえで　가출

荷

음 : カ　　훈 : に

- 荷重かじゅう 하중
- 荷物にもつ 짐
- 入荷にゅうか 입하

華

음 : カ　ケ　　훈 : はな

- 華美かび 화려하고 아름다움
- 散華さんげ 산화
- 繁華街はんかがい 번화가
- 華はなやかだ 화려하다

蚊

음 : –　　훈 : か

- 蚊か 모기
- 蚊帳かや 모기장

害

음 : ガイ　　훈 : –

- 害悪がいあく 해악
- 被害ひがい 피해

格

음 : カク　コウ　　훈 : –

- 格式かくしき 격식
- 格子こうし 격자
- 性格せいかく 성격

核

음 : カク　　훈 : –

- 核心かくしん 핵심
- 結核けっかく 결핵

株

음 : –　　훈 : かぶ

- 株かぶ　주
- 株式かぶしき　주식

陥

음 : カン　　훈 : おちいる　おとしいれる

- 陥没かんぼつ　함몰
- 欠陥けっかん　결함
- 陥おちいる　빠지다, 빠져들다
- 陥おとしいれる　빠뜨리다

既

음 : キ　　훈 : すでに

- 既成きせい　기성
- 既婚きこん　기혼
- 既すでに　이미, 벌써

記

음 : キ　　훈 : しるす

記入きにゅう　기입

記念きねん　기념

日記にっき　일기

- 記しるす　기록하다

起

음 : キ　　훈 : おきる　おこる　おこす

- 起源きげん　기원
- 奮起ふんき　분발

起おきる　일어나다, 생기다

起おこる　일어나다, 발생하다

起おこす　일으키다, 깨우다

飢

음 : キ　　훈 : うえる

- 飢餓きが　기아
- 飢うえる　굶주리다

帰

음 : キ　　훈 : かえる　かえす

- 帰還きかん　귀환
- 復帰ふっき　복귀
- 帰かえる　돌아오다, 돌아가다
- 帰かえす　돌려보내다

宮

음 : キュウ　グウ　ク　　훈 : みや

- 宮殿きゅうでん　궁전
- 宮廷きゅうてい　궁정, 대궐
- 神宮じんぐう　신궁
- 宮内庁くないちょう　궁내청(황실에 관한 사무를 담당하는 관청)
- 宮みや　궁

挙

음 : キョ　　훈 : あがる　あげる

- 挙式きょしき　거식(결혼식)
- 選挙せんきょ　선거
- 挙あがる　드러나다
- 挙あげる　올리다

恐

음 : キョウ　　훈 : おそれる　おそろしい

- 恐怖きょうふ　공포
- 恐縮きょうしゅく　죄송하게 여김
- 恐おそれる　무서워하다, 두려워하다
- 恐おそろしい　무섭다, 두렵다

胸

음 : キョウ　　훈 : むね　むな

- 胸中きょうちゅう　속마음, 심중
- 度胸どきょう　담력, 배짱
- 胸むね　가슴, 흉부
- 胸毛むなげ　가슴 털
- 胸騒むなさわぎ　가슴이 설렘, 가슴이 두근거림

脅

음 : キョウ　　훈 : おびやかす　おどす　おどかす

- 脅迫きょうはく　협박
- 脅威きょうい　위협
- 脅おびやかす　위협하다, 협박하다
- 脅おどす　협박하다, 위협하다
- 脅おどかす　위협하다, 겁을 주다

訓

음 : クン　　훈 : –

- 訓練くんれん　훈련
- 教訓きょうくん　교훈

郡

음 : グン　　훈 : –

- 郡部ぐんぶ　군부
- 郡ぐん　군(지방의 행정 단위)

恵

음 : ケイ　エ　　훈 : めぐむ

- 恩恵おんけい　은혜
- 知恵ちえ　지혜
- 恵めぐむ　은혜를 베풀다

桁

음 : –　　훈 : けた

- 桁けた　(숫자의) 자릿수
- 桁けた違ちがい　단위가 틀림, 현격한 차이

倹

음 : ケン　　훈 : –

- 倹約けんやく　검약, 절약
- 勤倹きんけん　근검

兼

음 : ケン　　훈 : かねる

- 兼用けんよう　겸용, 두루 씀
- 兼任けんにん　겸임
- 兼かねる　겸하다

剣

음 : ケン　　훈 : つるぎ

- 剣道けんどう　검도
- 刀剣とうけん　도검(칼이나 검)
- 剣つるぎ　검

軒

음 : ケン　　훈 : のき

- 軒数けんすう　집의 수량
- 一軒いっけん　집 한 채
- 軒のき　처마

拳

음 : ケン　　훈 : こぶし

- 拳法けんぽう　권법
- 拳こぶし　주먹

原

음 : ゲン　　훈 : はら

原因げんいん　원인
原稿用紙げんこうようし　원고용지
高原こうげん　고원

- 原はら　언덕, 근원
- 野原のはら　들, 들판
- 海原うなばら　넓은 바다, 대양

특 河原かわら = 川原かわら　강변, 모래밭, 자갈밭

個

음 : コ　　훈 : -

個性こせい　개성

一個いっこ　한 개

庫

음 : コ　ク　　훈 : -

- 倉庫そうこ　창고
- 車庫しゃこ　차고

●● 庫裏くり　고리(절의 부엌)

娯

음 : ゴ　　훈 : -

- 娯楽ごらく　오락

悟

음 : ゴ　　훈 : さとる

- 悟性ごせい 오성, 이해력
- 覚悟かくご 각오
- 悟さとる 깨닫다, 득도하다

候

음 : コウ　　훈 : そうろう

- 候補こうほ 후보
- 気候きこう 기후
- ●● 居候いそうろう 더부살이

校

음 : コウ　　훈 : –

校則こうそく 교칙, 학교 규칙

学校がっこう 학교

耕

음 : コウ　　훈 : たがやす

- 耕作こうさく 경작
- 農耕のうこう 농경
- 耕たがやす 갈다, 경작하다

航

음 : コウ　　훈 : –

航空こうくう 항공

- 就航しゅうこう 취항

貢

음 : コウ　ク　　훈 : みつぐ

- 貢献こうけん 공헌, 이바지함
- 貢みつぐ 바치다, 조공하다
- ●● 年貢ねんぐ 연공

降

음 : コウ　　훈 : ふる　おりる　おろす

- 降参こうさん 항복, 굴복
- 下降かこう 하강

降ふる 내리다

降おりる 내려오다

降おろす 내려놓다

高

음 : コウ　　훈 : たかい　たかまる　たかめる

高級こうきゅう 고급

高校こうこう 고등학교

高齢こうれい 고령

最高さいこう 최고

高たかい 높다, 비싸다

- 売上高うりあげだか 판매액

高たかまる 높아지다

高たかめる 높이다

骨

음 : コツ　　훈 : ほね

- 骨子こっし 골자, 요점
- 筋骨きんこつ 근골(근육과 골격)

骨ほね 뼈

根

음 : コン　　훈 : ね

- 根拠こんきょ 근거
- 根気こんき 끈기
- 根ね 뿌리

屋根やね 지붕

唆

음 : サ　　훈 : そそのかす

- 教唆きょうさ 교사(남을 꼬드겨서 나쁜 일을 하게 함)
- 示唆しさ 시사
- ●● 唆そそのかす 꼬드기다, 부추기다

差

음 : サ　　훈 : さす

差さ 차이

差別さべつ 차별

- 誤差ごさ 오차
- 差さす 비치다, 나타나다
- 差さし支つかえる 지장이 있다, 방해가 되다

座

음 : ザ　　훈 : すわる

座席ざせき 좌석

- 星座せいざ 별자리

座すわる 앉다

挫

음 : ザ　　훈 : くじく　くじける

- 挫折ざせつ 좌절
- 捻挫ねんざ 관절을 삠
- 挫くじく 삐다, 접질리다, (기세를) 꺾다
- 挫くじける 삐다, (기세가) 꺾이다

宰

음 : サイ　　훈 : –

- 宰相さいしょう 재상, 수상
- 主宰しゅさい 주재

栽

음 : サイ　　훈 : –

- 栽培さいばい　재배
- 盆栽ぼんさい　분재

剤

음 : ザイ　　훈 : –

- 薬剤師やくざいし　약사
- 錠剤じょうざい　알약

財

음 : ザイ　サイ　　훈 : –

財産ざいさん　재산
財布さいふ　지갑
文化財ぶんかざい　문화재

索

음 : サク　　훈 : –

- 索引さくいん　색인, 인덱스
- 思索しさく　사색

殺

음 : サツ　サイ　セツ　　훈 : ころす

- 殺到さっとう　쇄도
- 黙殺もくさつ　묵살, 무시
- 相殺そうさい　상쇄
- ●● 殺生せっしょう　살생

殺ころす　죽이다, 살해하다

残

음 : ザン　　훈 : のこる　のこす

残念ざんねん 유감스러움, 아쉬움

残のこる 남다

残のこす 남기다

- 残留ざんりゅう 잔류

특 名残なごり 흔적, 자취

師

음 : シ　　훈 : –

- 師匠ししょう 스승

教師きょうし 교사, 선생

특 師走しわす 12월, 음력 섣달

紙

음 : シ　　훈 : かみ

紙面しめん 지면

用紙ようし 용지

紙かみ 종이

脂

음 : シ　　훈 : あぶら

- 脂肪しぼう 지방
- 樹脂じゅし 수지
- 脂あぶら 지방, 기름

時

음 : ジ　　훈 : とき

- 時間じかん 시간
- 当時とうじ 당시
- 時給じきゅう 시(간)급
- 時とき 때, 시간

특 時計とけい 시계
時雨しぐれ 한 차례 지나가는 비

疾

음 : シツ　　훈 : –

- 疾患しっかん 질환, 병
- 悪疾あくしつ 악질(고약한 병)

射

음 : シャ　　훈 : いる

- 射撃しゃげき 사격
- 射いる 쏘다, 맞히다
- 日射病にっしゃびょう 일사병

借

음 : シャク　　훈 : かりる

- 借金しゃっきん 빚
- 貸借たいしゃく 대차(꾸어 주거나 꾸어 옴)
- 借かりる 빌리다

酌

음 : シャク　　훈 : くむ

- 酌量しゃくりょう 작량(사정을 참작함)
- 晩酌ばんしゃく 저녁 반주
- 酌くむ (술을) 따르다

弱

음 : ジャク　　훈 : よわい　よわまる　よわめる

- 弱点じゃくてん　약점
- 強弱きょうじゃく　강약
- 弱よわい　약하다
- 弱よわまる　약해지다
- 弱よわめる　약하게 하다

殊

음 : シュ　　훈 : こと

- 殊勲しゅくん　수훈
- 特殊とくしゅ　특수
- 殊ことに　특히

珠

음 : シュ　　훈 : –

- 珠算しゅざん　주산
- 真珠しんじゅ　진주

특 数珠じゅず　염주

酒

음 : シュ　　훈 : さけ　さか

- 酒宴しゅえん　술 잔치
- 飲酒いんしゅ　음주
- お酒さけ　술
- 酒屋さかや　술집

특 お神酒みき　신주(신전에 올리는 술)

修

음 : シュウ　シュ　　훈 : おさまる　おさめる

- 修養しゅうよう　수양
- 改修かいしゅう　개수, 수리
- 修行しゅぎょう　수행
- 修おさまる　(품행이) 바로잡히다
- 修おさめる　수양하다, 닦다

袖

음 : シュウ　　훈 : そで

- 領袖りょうしゅう 영수(우두머리)
- 袖そで 소매

従

음 : ジュウ　ショウ　　훈 : したがう　したがえる

- 従事じゅうじ 종사
- 服従ふくじゅう 복종
- 従容しょうよう 종용(태연하고 침착한 모양)
- 従したがう 따르다, 뒤따르다
- 従したがって 따라서, 그러므로
- 従したがえる 거느리다

殉

음 : ジュン　　훈 : -

- 殉死じゅんし 순사(죽은 주군의 뒤를 따라 자살하는 일)
- 殉職じゅんしょく 순직

純

음 : ジュン　　훈 : -

- 純粋じゅんすい 순수
- 不純ふじゅん 불순

書

음 : ショ　　훈 : かく

- 書籍しょせき 서적, 책
- 書類しょるい 서류
- 読書どくしょ 독서
- 書かく 쓰다

徐

음 : ジョ　　훈 : –

- 徐行じょこう　서행
- 徐々にじょじょに　서서히

除

음 : ジョ ジ　　훈 : のぞく

- 除外じょがい　제외
- 掃除そうじ　청소
- 解除かいじょ　해제
- 除のぞく　없애다, 제외하다

宵

음 : ショウ　　훈 : よい

- 徹宵てっしょう　밤을 새움, 철야
- 宵よい　초저녁

将

음 : ショウ　　훈 : –

- 将来しょうらい　장래
- 大将たいしょう　대장
- 将棋しょうぎ　장기

消

음 : ショウ　　훈 : きえる けす

- 消極的しょうきょくてき　소극적
- 消けす　끄다
- 消費しょうひ　소비
- 消けしゴム　고무 지우개
- 消きえる　사라지다

症

음 : ショウ　　훈 : –

- 症状しょうじょう　증상
- 炎症えんしょう　염증

祥

음 : ショウ　　훈 : –

- 発祥はっしょう　발상(처음으로 일어남)
- 不祥事ふしょうじ　불상사

称

음 : ショウ　　훈 : –

- 称賛しょうさん　칭찬
- 名称めいしょう　명칭

笑

음 : ショウ　　훈 : わらう　えむ

- 微笑びしょう　미소
- 談笑だんしょう　담소
- 笑わらう　웃다
- 微笑ほほえみ　미소

특 笑顔えがお　웃는 얼굴

辱

음 : ジョク　　훈 : はずかしめる

- 雪辱せつじょく　설욕(부끄러움을 씻음)
- 屈辱くつじょく　굴욕
- 辱はずかしめる　창피를 주다

唇

음 : シン　　　　훈 : くちびる

- 口唇こうしん　구순, 입술
- 唇くちびる　입술

娠

음 : シン　　　　훈 : –

- 妊娠にんしん　임신

振

음 : シン　　　　훈 : ふる　ふるう

- 振興しんこう　진흥
- 不振ふしん　부진
- 振ふる　움직이다, 흔들다
- 振ふるう　휘두르다

浸

음 : シン　　　　훈 : ひたる　ひたす

- 浸水しんすい　침수
- 浸透しんとう　침투
- 浸ひたる　잠기다
- 浸ひたす　담그다

真

음 : シン　　　　훈 : ま

- 真偽しんぎ　진위(참과 거짓)
  写真しゃしん　사진
  真っ先まっさき　맨 앞, 제일 먼저
- 真ん中まんなか　한 가운데
- 真っ赤まっか　새빨강
- 真っ青まっさお　새파랑

針

음 : シン　　　　훈 : はり

- 針路しんろ　침로, 방향
- 針はり　바늘, 침

陣

음 : ジン　　　　훈 : –

- 陣頭じんとう　최전선
- 陣痛じんつう　진통

粋

음 : スイ　　　　훈 : –

- 純粋じゅんすい　순수
- 精粋せいすい　정수(가장 순수하고 좋은 부분)

衰

음 : スイ　　　　훈 : おとろえる

- 衰弱すいじゃく　쇠약
- 盛衰せいすい　성쇠
- 衰おとろえる　쇠약해지다, 쇠퇴하다

凄

음 : セイ　　　　훈 : すごい

- 凄惨せいさん　처참
- 凄すごい　굉장하다

逝

음 : セイ　　　　훈 : ゆく

- 逝去せいきょ　서거
- 急逝きゅうせい　급서(갑자기 죽음)
- 逝ゆく　죽다

席

음 : セキ　　훈 : –

席せき 자리
出席しゅっせき 출석
- 席上せきじょう 모임의 자리

특	席巻せっけん 석권	寄席よせ 연예장

隻

음 : セキ　　훈 : –

- 隻せき 척(배의 수를 세는 말)

扇

음 : セン　　훈 : おうぎ

- 扇子せんす 부채
- 扇風機せんぷうき 선풍기
- 扇おうぎ 쥘부채(접었다 폈다 하는 부채)

栓

음 : セン　　훈 : –

- 栓せん 마개
- 消火栓しょうかせん 소화전

租

음 : ソ　　훈 : –

- 租税そぜい 조세
- 公租こうそ 공조, 조세

素

음 : ソ ス　　　훈 : –

- 素材そざい　소재
- 素顔すがお　맨 얼굴, 민낯
- 平素へいそ　평소, 평상시
- 素性すじょう　혈통, 내력

특 素人しろうと　경험이 없는 미숙한 사람

倉

음 : ソウ　　　훈 : くら

- 倉庫そうこ　창고
- 倉くら　곳간, 창고
- 穀倉こくそう　곡창(곡식 저장 창고)

捜

음 : ソウ　　　훈 : さがす

- 捜索そうさく　수색
- 捜さがす　찾다
- 捜査そうさ　수사

挿

음 : ソウ　　　훈 : さす

- 挿入そうにゅう　삽입
- 挿さす　꽂다
- 挿話そうわ　일화, 에피소드
- 挿絵さしえ　삽화, 그림

桑

음 : ソウ　　　훈 : くわ

- 桑園そうえん　상원(뽕밭)
- 桑畑くわばたけ　뽕밭
- 桑くわ　뽕나무

造

음 : ゾウ　　훈 : つくる

- 造船ぞうせん　조선(배를 설계하여 만듦)
- 構造こうぞう　구조
- 造つくる　만들다, 제조하다

息

음 : ソク　　훈 : いき

- 休息きゅうそく　휴식
- 消息しょうそく　소식
- 息いき　숨, 호흡
- 吐息といき　한숨

특 息吹いぶき　호흡, 숨	息子むすこ　아들

捉

음 : ソク　　훈 : とらえる

- ●● 捕捉ほそく　포착(붙잡음)
- 捉とらえる　붙잡다, 파악하다

速

음 : ソク　　훈 : はやい　はやめる　すみやか

速度そくど　속도
時速じそく　시속
速はやい　빠르다
速はやめる　빠르게 하다
- 速すみやかだ　재빠르다, 신속하다

孫

음 : ソン　　훈 : まご

- 子孫しそん　자손
- 嫡孫ちゃくそん　적손(집안의 대를 이어나갈 장손)
- 孫まご　손자

帯

음 : タイ　　훈 : おびる

- 携帯けいたい　휴대
- 熱帯ねったい　열대
- 帯おび　허리띠
- 帯おびる　띠다

泰

음 : タイ　　훈 : –

- 泰然たいぜん　태연
- 安泰あんたい　평안함, 무사함

託

음 : タク　　훈 : –

- 託児所たくじしょ　탁아소
- 委託いたく　위탁
- 結託けったく　결탁

値

음 : チ　　훈 : ね　あたい

- 価値かち　가치, 값어치
- 数値すうち　수치, 값
- 値段ねだん　값, 가격
- 値あたいする　값을 하다, 가치가 있다

恥

음 : チ　　훈 : はずかしい　はじ　はじる　はじらう

- 恥辱ちじょく　치욕
- 破廉恥はれんち　파렴치(염치를 모르고 뻔뻔스러움)
- 恥はずかしい　부끄럽다, 창피하다
- 恥はじ　부끄러움, 수치
- 恥はじる　부끄러워하다, 부끄럽게 생각하다
- 恥はじらう　부끄러워하다, 수줍어하다

致

음 : チ　　훈 : いたす

- 誘致ゆうち　유치(꾀어서 데려옴)
- 合致がっち　합치, 일치
- 致いたす　이르게 하다, 보내다

畜

음 : チク　　훈 : –

- 畜産ちくさん　축산
- 牧畜ぼくちく　목축
- 家畜かちく　가축

逐

음 : チク　　훈 : –

- ●● 逐次ちくじ　차례차례로, 순차적으로
- 駆逐くちく　구축

秩

음 : チツ　　훈 : –

- 秩序ちつじょ　질서

衷

음 : チュウ　　훈 : –

- 衷心ちゅうしん　진심, 충심
- 折衷せっちゅう　절충

酎

음 : チュウ　　훈 : –

- 酎ちゅうハイ　소주에 탄산수를 넣은 음료
- 焼酎しょうちゅう　소주

捗

음 : チョク　　훈 : はかどる

- 進捗しんちょく　진척
- 捗はかどる　일이 순조롭게 진행되다

通

음 : ツウ　　훈 : とおる　とおす　かよう

通行つうこう　통행, 왕래
通訳つうやく　통역
普通ふつう　보통
通とおる　통하다
通とおす　통하게 하다, 뚫다
通かよう　다니다, 통하다

특 通夜つや　(죽은 사람의 유해를 지키며) 하룻밤을 샘

庭

음 : テイ　　훈 : にわ

- 庭園ていえん　정원
- 家庭かてい　가정
- 庭にわ　정원

哲

음 : テツ　　훈 : –

- 哲学てつがく　철학
- 哲人てつじん　철학자

展

음 : テン　　훈 : -

展開てんかい 전개
発展はってん 발전
- 展覧会てんらんかい 전람회

徒

음 : ト　　훈 : -

- 徒歩とほ 도보
生徒せいと 학생

途

음 : ト　　훈 : -

途中とちゅうに 도중(에)
- 開発途上国かいはつとじょうこく 개발도상국

倒

음 : トウ　　훈 : たおれる　たおす

- 倒産とうさん 도산, 파산
- 圧倒あっとう 압도
- 倒たおれる 쓰러지다
- 倒たおす 쓰러뜨리다

凍

음 : トウ　　훈 : こおる　こごえる

- 凍結とうけつ 동결, 얾
- 冷凍れいとう 냉동
- 凍こおる 얼다
- 凍こごえる (손·발 등이) 추위로 얼다

唐

음 : トウ　　훈 : から

- 唐突とうとつ 당돌
- 唐辛子とうがらし 고추
- 唐から 당(나라)

島

음 : トウ　　훈 : しま

- 島民とうみん 도민, 섬사람
- 列島れっとう 열도
- 島しま 섬
- 島国しまぐに 섬나라

桃

음 : トウ　　훈 : もも

- 白桃はくとう 백도(흰 복숭아)
- 桃もも 복숭아
- 桃色ももいろ 분홍빛

討

음 : トウ　　훈 : うつ

- 討論とうろん 토론
- 検討けんとう 검토
- 討うつ 베어 죽이다, 토벌하다
- 敵討かたきうち 원수를 갚음

透

음 : トウ　　훈 : すく　すかす　すける

- 透明とうめい 투명
- 浸透しんとう 침투
- 透すく 벌어지다, 들여다보이다
- 透すき間ま 틈, 겨를
- 透すかす 틈새를 만들다
- 透すける 틈이 생기다

党

음 : トウ　　훈 : –

- 党派とうは 당파
- 与党よとう 여당

胴

음 : ドウ　　훈 : –

- 胴体どうたい 동체, 몸통
- 胴上どうあげ 헹가래

匿

음 : トク　　훈 : –

- 匿名とくめい 익명
- 隠匿いんとく 은닉

特

음 : トク　　훈 : –

- 特殊とくしゅ 특수, 특별
- 特別とくべつ 특별
- 独特どくとく 독특

特とくに 특히

悩

음 : ノウ　　훈 : なやむ　なやます

- 苦悩くのう 고뇌
- 煩悩ぼんのう 〔불교〕 번뇌
- 悩なやむ 괴로워하다, 고민하다
- 悩なやます 괴롭히다

納

음 : ノウ ナツ トウ ナ　　훈 : おさめる

- 納税のうぜい　납세
- 結納ゆいのう　약혼 예물
- 納得なっとく　납득
- 出納すいとう　출납
- 納屋なや　헛간
- 納おさめる　(세금 등을) 내다

能

음 : ノウ　　훈 : -

- 能力のうりょく　능력
- 芸能げいのう　예능

破

음 : ハ　　훈 : やぶる　やぶれる

- 破壊はかい　파괴
- 破産はさん　파산
- 破やぶる　깨다
- 破やぶれる　찢어지다, 깨지다

馬

음 : バ　　훈 : うま

- 競馬けいば　경마
- 乗馬じょうば　승마

馬うま　말

특 伝馬船てんません 짐 나르는 거룻배

俳

음 : ハイ　　훈 : -

- 俳優はいゆう　배우
- 俳句はいく　일본 고유의 단시(5 · 7 · 5의 3구〔句〕 17음〔音〕으로 되는 시)

配

음 : ハイ　　훈 : くばる

- 配分はいぶん　배분
- 支配しはい　지배
- 心配しんぱい　걱정, 염려
- 配くばる　나누어 주다

倍

음 : バイ　　훈 : –

- 倍率ばいりつ　배율

～倍ばい　～배
→ 二倍にばい　두 배

梅

음 : バイ　　훈 : うめ

- 梅雨ばいう　장마
- 梅うめ　매화나무, 매실
- 梅園うめぞの　매원(매화나무 밭)
- 梅酒うめしゅ　매실주

특 梅雨つゆ　장마

剝

음 : ハク　　훈 : はぐ　はがす　はがれる

- 剝脱はくだつ　박탈(벗겨져 떨어짐)
- 剝はぐ　벗기다
- 剝はがす　벗기다
- 剝はがれる　벗겨지다

班

음 : ハン　　훈 : –

- 班長はんちょう　반장

畔

음 : ハン　　훈 : –

- 湖畔こはん　호숫가

般

음 : ハン　　훈 : –

- 諸般しょはん　제반, 여러 가지
- 一般いっぱん　일반

疲

음 : ヒ　　훈 : つかれる

- 疲労ひろう　피로
- 疲弊ひへい　피폐
- 疲つかれる　피곤하다

秘

음 : ヒ　　훈 : ひめる

- 秘密ひみつ　비밀
- 神秘しんぴ　신비
- 秘ひめる　숨기다, 간직하다

被

음 : ヒ　　훈 : こうむる

- 被害ひがい　피해
- 被告ひこく　피고
- 被こうむる　(피해를) 입다

姫

음 : –　　　　훈 : ひめ

- 姫ひめ　공주, 귀인의 딸을 높여 부르는 말

俵

음 : ヒョウ　　　　훈 : たわら

- 土俵どひょう　흙을 담는 가마니, 씨름판
- 俵たわら　가마니

病

음 : ビョウ　ヘイ　　　　훈 : やむ　やまい

- 病気びょうき　병
- 病院びょういん　병원
- 疾病しっぺい　질병
- 病やむ　앓다
- 病やまい　병

浜

음 : ヒン　　　　훈 : はま

- 海浜かいひん　해변, 바닷가
- 浜はま　해변의 모래밭
- 浜辺はまべ　바닷가, 해변
- 砂浜すなはま　모래사장

敏

음 : ビン　　　　훈 : –

- 鋭敏えいびん　예민
- 機敏きびん　기민(눈치가 빠르고 동작이 날쌤)

浮

음 : フ　　훈 : うく　うかぶ　うかべる

- 浮沈ふちん　흥망(성하고 쇠함)
- 浮力ふりょく　부력
- 浮うく　뜨다
- 浮うかぶ　뜨다, 떠오르다
- 浮うかべる　뜨게 하다, 띄우다

특 浮気うわき　바람기	浮うわつく　들뜨다

粉

음 : フン　　훈 : こ　こな

- 粉末ふんまつ　분말
- 粉乳ふんにゅう　분유
- 小麦粉こむぎこ　밀가루
- 粉こな　가루

紛

음 : フン　　훈 : まぎれる　まぎらす　まぎらわしい

- 紛失ふんしつ　분실
- 内紛ないふん　내분
- 紛まぎれる　헷갈리다
- 紛まぎらす　얼버무리다
- 紛まぎらわしい　혼동하기 쉽다

陛

음 : ヘイ　　훈 : –

- 陛下へいか　폐하

勉

음 : ベン　　훈 : –

- 勉強べんきょう　공부
- 勤勉きんべん　근면

哺

음 : ホ　　훈 : -

- 哺乳ほにゅう　포유(젖을 먹여 아이를 기름)

捕

음 : ホ　　훈 : とる　つかまる　つかまえる　とらえる　とらわれる

- 捕獲ほかく　포획
- 逮捕たいほ　체포
- 捕とる　잡다
- 捕つかまる　잡히다
- 捕つかまえる　붙잡다
- 捕とらえる　잡다, 붙잡다
- 捕とらわれる　잡히다, 붙들리다

俸

음 : ホウ　　훈 : -

- 俸給ほうきゅう　봉급, 급료
- 年俸ねんぽう　연봉

倣

음 : ホウ　　훈 : ならう

- 模倣もほう　모방
- 倣ならう　모방하다

峰

음 : ホウ　　훈 : みね

- 秀峰しゅうほう　빼어나게 아름다운 산봉우리
- 峰みね　봉우리

砲

음 : ホウ　　훈 : –

- 砲撃ほうげき 포격
- 鉄砲てっぽう 총, 총포류

剖

음 : ボウ　　훈 : –

- 解剖かいぼう 해부

紡

음 : ボウ　　훈 : つむぐ

- 紡績ぼうせき 방적(실을 만드는 일)
- 混紡こんぼう 혼방(두 가지 종류 이상의 섬유를 섞어서 짜는 일)
- 紡つむぐ 실을 뽑다

埋

음 : マイ　　훈 : うまる　うめる　うもれる

- 埋没まいぼつ 매몰(파묻히거나 파묻음)
- 埋葬まいそう 매장
- 埋うまる 메워지다
- 埋うめる 묻다
- 埋うめ立たて 매립, 메움
- 埋うもれる 묻히다

脈

음 : ミャク　　훈 : –

- 脈絡みゃくらく 맥락
- 山脈さんみゃく 산맥

眠

음 : ミン　　훈 : ねむい　ねむる

- 睡眠すいみん　수면
- 不眠ふみん　불면

眠ねむい　졸리다

眠ねむる　자다, 잠자다

娘

음 : –　　훈 : むすめ

娘むすめ　딸

小娘こむすめ　소녀, 계집아이

冥

음 : メイ　ミョウ　　훈 : –

- 冥王星めいおうせい　명왕성
- 冥利みょうり　명리(은연중에 입은 은혜)

耗

음 : モウ　コウ　　훈 : –

- 消耗しょうもう　소모
- 心神耗弱しんしんこうじゃく　심신모약(정신장애로 인해 정상적인 활동이 곤란한 상태)

紋

음 : モン　　훈 : –

- 指紋しもん　지문
- 波紋はもん　파문

容

음 : ヨウ　　훈 : –

- 容易ようい 용이, 손쉬움
- 形容詞けいようし 형용사

浴

음 : ヨク　　훈 : あびる　あびせる

- 入浴にゅうよく 입욕
- 海水浴かいすいよく 해수욕
- 浴あびる 뒤집어쓰다, 받다
- 浴あびせる 끼얹다, 퍼붓다

특 浴衣ゆかた 유카타(목욕을 한 뒤 또는 여름철에 입는 무명 홑옷)

流

음 : リュウ　ル　　훈 : ながれる　ながす

流行りゅうこう 유행

電流でんりゅう 전류

●● 流布るふ 유포(세상에 널리 퍼짐)

- 流ながれる 흐르다, 흘러가다, 취소되다
- 流ながす 흘리다

留

음 : リュウ　ル　　훈 : とまる　とめる

留学りゅうがく 유학

- 保留ほりゅう 보류
- 留守るす 부재중
- 留とまる 머물다
- 留とめる 고정시키다

竜

음 : リュウ　　훈 : たつ

- 竜 りゅう　용
- 竜頭蛇尾 りゅうとうだび　용두사미
- 竜巻 たつまき　회오리바람, 토네이도

旅

음 : リョ　　훈 : たび

旅行 りょこう　여행

旅館 りょかん　여관

- 旅 たび　여행
- 旅先 たびさき　행선지, 여행지
- 船旅 ふなたび　선박 여행

料

음 : リョウ　　훈 : –

料金 りょうきん　요금

料理 りょうり　요리

材料 ざいりょう　재료

倫

음 : リン　　훈 : –

- 倫理 りんり　윤리
- 人倫 じんりん　인륜

涙

음 : ルイ　　훈 : なみだ

- 感涙 かんるい　감루(감격의 눈물)

涙 なみだ　눈물

- 涙ぐむ なみだぐむ　눈물짓다, 눈물이 글썽하다

烈

음 : レツ　　훈 : -

- 壮烈そうれつ　장렬(의기가 씩씩하고 열렬하다)
- 猛烈もうれつ　맹렬

恋

음 : レン　　훈 : こい　こいしい

恋愛れんあい　연애

- 失恋しつれん　실연

恋こい　사랑

初恋はつこい　첫사랑

- 恋こいしい　그립다

連

음 : レン　　훈 : つれる　つらなる　つらねる

連続れんぞく　연속

- 関連かんれん　관련

連つれる　데리고 오다

連つれ　동행, 동반자

- 連つらなる　나란히 줄지어 있다
- 連つらねる　늘어놓다

朗

음 : ロウ　　훈 : ほがらか

- 朗読ろうどく　낭독
- 明朗めいろう　명랑
- 朗ほがらかだ　명랑하다, 쾌활하다

浪

음 : ロウ　　훈 : -

- 浪費ろうひ　낭비
- 波浪はろう　물결

脇

음 : –　　훈 : わき

- 脇わき 겨드랑이, 옆
- 両脇りょうわき 양쪽 겨드랑이, 양편

11획 한자

悪

음 : アク オ　　훈 : わるい

悪意あくい 악의
- 醜悪しゅうあく 추악
- •• 悪寒おかん 오한
- •• 憎悪ぞうお 증오

悪わるい 나쁘다

異

음 : イ　　훈 : こと

- 異論いろん 이의

異動いどう 이동(지위나 직책의 변동)
- 異ことなる 다르다

移

음 : イ　　훈 : うつる うつす

- 移転いてん 이전
- •• 推移すいい 추이
- 移うつる 옮다, 변하다
- 移うつす 옮기다

域

음 : イキ　　훈 : –

- 域内いきない 구역 안
- 地域ちいき 지역

陰

음 : イン　　훈 : かげ　かげる

- 陰気いんき 음기
- 陰かげる 그늘지다
- 陰かげ 그늘

液

음 : エキ　　훈 : –

- 液体えきたい 액체
- 血液けつえき 혈액

菓

음 : カ　　훈 : –

お菓子かし 과자

- 製菓せいか 제과

貨

음 : カ　　훈 : –

- 貨物かもつ 화물
- 通貨つうか 통화

械

음 : カイ　　훈 : –

- 機械きかい 기계

涯

음 : ガイ　　훈 : –

- 生涯しょうがい　생애

掛

음 : –　　훈 : かかる　かける

- 掛かかる　걸리다
- 掛かける　걸다

渇

음 : カツ　　훈 : かわく

- 渇望かつぼう　갈망
- 渇かわく　목이 마르다
- 渇水期かっすいき　갈수기

乾

음 : カン　　훈 : かわく　かわかす

- 乾燥かんそう　건조
- 乾かわく　마르다
- 乾杯かんぱい　건배
- 乾かわかす　말리다

勘

음 : カン　　훈 : –

- 勘当かんどう　의절, (자식과) 인연을 끊음
- 勘弁かんべん　용서함

患

음 : カン

훈 : わずらう

- 患者かんじゃ 환자
- 疾患しっかん 질환
- 患わずらう 병이 나다

貫

음 : カン

훈 : つらぬく

- 貫通かんつう 관통
- 貫徹かんてつ 관철
- 貫つらぬく 관통(일관)하다

眼

음 : ガン ゲン

훈 : まなこ

- 眼球がんきゅう 안구
- 主眼しゅがん 주안, 역점
- 開眼かいげん 보이지 않던 눈이 보이게 됨
- 眼まなこ 눈, 눈동자

특 眼鏡めがね 안경

基

음 : キ

훈 : もと

- 基礎きそ 기초
- 基準きじゅん 기준
- 基もと 시작, 근본
- 基もとづく 근거하다

寄

음 : キ

훈 : よる よせる

- 寄宿きしゅく 기숙
- 寄贈きぞう 기증
- 寄よる 다가서다
- 寄よせる 밀려오다, 접근하다

특 最寄りもより 가장 가까움　寄席よせ 연예장

規

음 : キ　　훈 : –

規則きそく　규칙
- 定規ていき　규칙, 규약

偽

음 : ギ　　훈 : いつわる　にせ

- 偽名ぎめい　위명, 가짜 이름
- 偽にせ　위조, 가짜
- 真偽しんぎ　진위, 참과 거짓
- 偽物にせもの　위조품, 가짜 물건
- 偽いつわる　거짓말하다, 속이다

菊

음 : キク　　훈 : –

- 菊きく　국화
- 白菊しらぎく　흰 국화

脚

음 : キャク　キャ　　훈 : あし

- 脚本きゃくほん　각본, 대본
- 行脚あんぎゃ　순회, 도보 여행
- 三脚さんきゃく　삼각, 세 다리
- 脚あし　다리

救

음 : キュウ　　훈 : すくう

救助きゅうじょ　구조
- 救すくう　구하다, 돕다

救急車きゅうきゅうしゃ　구급차

球

음 : キュウ　　훈 : たま

- 球形きゅうけい 구형, 공 모양
- 地球ちきゅう 지구
- 球たま 공, 구슬, 둥근 것

虚

음 : キョ　コ　　훈 : -

- 虚無きょむ 허무, 공허함
- 空虚くうきょ 공허, 텅 빔
- 虚空こくう 허공, 공중

許

음 : キョ　　훈 : ゆるす

- 許可きょか 허가
- 特許とっきょ 특허
- 許ゆるす 허가하다, 용서하다

魚

음 : ギョ　　훈 : うお　さかな

- 魚類ぎょるい 어류
- 金魚きんぎょ 금붕어
- 魚市場うおいちば 생선시장
- 魚うお, さかな 물고기, 생선
(うお : 주로 이름에 쓰이는 생물 용어,
さかな : 일반적인 표현)
- 魚屋さかなや 생선 가게,
생선 장수

특 雑魚ざこ 잡어, 여러 자잘한 물고기들

強

음 : キョウ　ゴウ　　훈 : つよい　つよまる　つよめる　しいる

強調きょうちょう 강조
強力きょうりょく 강력
● 強引ごういん 억지로 함
● 強盗ごうとう 강도
● 強情ごうじょう 고집, 고집이 셈

強つよい 강하다
強つよまる 강해지다
強つよめる 강하게 하다
● 強しいる 강요하다

教

음 : キョウ　　훈 : おしえる　おそわる

教育きょういく 교육
教室きょうしつ 교실
● 宗教しゅうきょう 종교

教おしえる 가르치다
● 教おそわる 배우다, 가르침을 받다

郷

음 : キョウ　ゴウ　　훈 : –

● 郷里きょうり 향리, 고향
● 郷土きょうど 향토, 태어난 곳
● 在郷ざいごう 재향

菌

음 : キン　　훈 : –

● 細菌さいきん 세균
● 殺菌さっきん 살균

偶

음 : グウ　　훈 : –

● 偶然ぐうぜん 우연히, 뜻밖에
● 配偶者はいぐうしゃ 배우자

掘

음 : クツ　　　훈 : ほる

- 掘削くっさく 굴삭, 굴착
- 発掘はっくつ 발굴
- 掘ほる 파다

啓

음 : ケイ　　　훈 : –

- 啓発けいはつ 계발
- 拝啓はいけい 배계(편지 머리에 쓰는 말, 삼가 아뢴다)

掲

음 : ケイ　　　훈 : かかげる

- 掲示けいじ 게시
- 掲載けいさい 게재
- 掲かかげる 달다, 내걸다

渓

음 : ケイ　　　훈 : –

- 渓谷けいこく 계곡
- 渓流けいりゅう 계류(산골짜기에 흐르는 시냇물)

経

음 : ケイ　キョウ　　　훈 : へる

経済けいざい 경제
経営けいえい 경영
経験けいけん 경험

●● 読経どきょう 〔불교〕 독경
● 経へる 흐르다, 경과하다

蛍

음 : ケイ　　훈 : ほたる

- 蛍光灯けいこうとう 형광등
- 蛍ほたる 반딧불이, 개똥벌레

健

음 : ケン　　훈 : すこやか

健康けんこう 건강
- 強健きょうけん 강건
- 健すこやかだ 튼튼하다, 건전하다

険

음 : ケン　　훈 : けわしい

- 険悪けんあく 험악
危険きけん 위험
- 険けわしい 가파르다, 험하다

現

음 : ゲン　　훈 : あらわれる　あらわす

現象げんしょう 현상
現代げんだい 현대
現在げんざい 현재
表現ひょうげん 표현
- 現あらわれる 나타나다, 출현하다
- 現あらわす 나타내다, 드러내다

康

음 : コウ　　훈 : –

健康けんこう 건강
- 小康しょうこう 소강(병세가 조금 나아짐)

控

음 : コウ　　훈 : ひかえる

- 控除こうじょ 공제
- 控訴こうそ 공소, 항소
- 控ひかえる 대기하다, 삼가다, 앞두다

黄

음 : コウ　オウ　　훈 : き　こ

- 黄葉こうよう 황엽, 나뭇잎이 누렇게 물듦
- 黄金おうごん, こがね 황금
- ●● 硫黄いおう 유황
- 黄色きいろい 노랗다
- 黄きばむ 노래지다

黒

음 : コク　　훈 : くろ　くろい

- 黒板こくばん 칠판
- 暗黒あんこく 암흑
- 黒くろ 검정
- 黒くろい 검다, 까맣다

頃

음 : ケイ　　훈 : ころ

- 頃来けいらい 요즈음, 최근
- 頃合ころあい 적당한 때, 적당한 상태
- この頃ごろ 요즈음
- 近頃ちかごろ 최근

婚

음 : コン　　훈 : －

- 婚約こんやく 혼약, 약혼
- 結婚けっこん 결혼

混

음 : コン　　훈 : まじる　まざる　まぜる

- 混合こんごう　혼합
- 混雑こんざつ　혼잡
- 混まじる　섞이다
- 混まざる　섞이다
- 混まぜる　섞다

紺

음 : コン　　훈 : –

- 紺色こんいろ　감색
- 紺青こんじょう　감청, 남색

彩

음 : サイ　　훈 : いろどる

- 彩色さいしき　채색
- 色彩しきさい　색채
- 彩いろどる　색칠하다

採

음 : サイ　　훈 : とる

- 採集さいしゅう　채집
- 採用さいよう　채용
- 採とる　뽑다

済

음 : サイ　　훈 : すむ　すます

- 返済へんさい　반제(빌린 돈을 갚음)
- 経済けいざい　경제
- 済すむ　끝나다, 완료되다
- 済すます　끝내다, 마치다

祭

음 : サイ　　훈 : まつる　まつり

- 祭礼さいれい　제례(제사의 의식)
  文化祭ぶんかさい　문화제, 축제
- 祭まつる　제사 지내다
  祭まつり　제사, 잔치

斎

음 : サイ　　훈 : -

- 斎場さいじょう　장례식장
- 書斎しょさい　서재

細

음 : サイ　　훈 : ほそい　こまかい　こまか

- 細心さいしん　세심
- 詳細しょうさい　상세
- 細ほそい　가늘다
- 心細こころぼそい　불안하다
- 細こまかい　작다, 잘다
- 細こまかだ　아주 작다

菜

음 : サイ　　훈 : な

- 菜食さいしょく　채식
  野菜やさい　야채, 채소
- 菜な　나물, 푸성귀
- 青菜あおな　푸른 채소

崎

음 : -　　훈 : さき

- ○○崎さき　〔지리, 지명〕 갑, 곶

惨

음 : サン　ザン　　훈 : みじめ

- 惨劇さんげき　참극(비참한 사건)
- 惨殺ざんさつ　참살(끔찍하게 죽임)
- 悲惨ひさん　비참
- 惨みじめだ　비참하다
- 惨死ざんし　참사(참혹한 죽음)

産

음 : サン　　훈 : うむ

- 産業さんぎょう　산업
- 流産りゅうざん　유산
- 生産せいさん　생산
- 産うむ　낳다

특 お土産みやげ　선물　　産毛うぶげ　솜털

斬

음 : ザン　　훈 : きる

- 斬殺ざんさつ　참살(베어 죽임)
- 斬きる　자르다, 베다

視

음 : シ　　훈 : -

- 視力しりょく　시력
- 注視ちゅうし　주시, 주목

鹿

음 : -　　훈 : しか

- 鹿しか　사슴

執

음 : シツ　シュウ　　　훈 : とる

- 執筆しっぴつ 집필
- 執念しゅうねん 집념
- 我執がしゅう 아집
- 執とる 잡다, 집행하다

捨

음 : シャ　　　훈 : すてる

- 取捨しゅしゃ 취사(쓸 것은 쓰고 쓸모없는 것은 버림)
- 捨すてる 버리다

赦

음 : シャ　　　훈 : –

- 赦免しゃめん 사면, 죄를 용서함
- 恩赦おんしゃ 은사, 특별 사면

斜

음 : シャ　　　훈 : ななめ

- 斜面しゃめん 경사면
- 傾斜けいしゃ 경사
- 斜ななめ 비스듬함

蛇

음 : ジャ　ダ　　　훈 : へび

- 蛇腹じゃばら 주름상자
- 大蛇だいじゃ 큰 뱀
- 蛇行だこう 구불구불 나아감
- 蛇足だそく 군더더기
- 蛇へび 뱀

釈

음 : シャク　　훈 : –

- 釈放しゃくほう 석방
- 解釈かいしゃく 해석

寂

음 : ジャク　セキ　　훈 : さびしい

- 静寂せいじゃく 정적
- 寂然せきぜん, じゃくねん 적연, 적막

寂さびしい 쓸쓸하다

授

음 : ジュ　　훈 : さずかる　さずける

- 授与じゅよ 수여

授業じゅぎょう 수업

教授きょうじゅ 교수

- 授さずかる 내려주시다
- 授さずける 내리다, 수여하다

終

음 : シュウ　　훈 : おわる　おえる

終了しゅうりょう 종료

- 最終さいしゅう 최종, 맨 마지막

終おわる 끝나다

終おえる 끝내다

習

음 : シュウ　　훈 : ならう

習慣しゅうかん 습관

練習れんしゅう 연습

習ならう 배우다, 익히다

週

음 : シュウ　　훈 : –

週間 しゅうかん 주간, 주일
每週 まいしゅう 매주
週末 しゅうまつ 주말

渋

음 : ジュウ　　훈 : しぶい　しぶる

- 渋滞 じゅうたい 정체
- 渋 しぶい 떫다
- 苦渋 くじゅう 쓰고 떫음
- 渋 しぶる 지체되다, 망설이다

宿

음 : シュク　　훈 : やど　やどる　やどす

宿題 しゅくだい 숙제
- 宿 やどる 거주하다
宿泊 しゅくはく 숙박
- 雨宿 あまやどり 비를 피함
- 合宿 がっしゅく 합숙
- 宿 やどす 묵게 하다, 숙박시키다
- 宿 やど 살고 있는 집, 숙소

淑

음 : シュク　　훈 : –

- 淑女 しゅくじょ 숙녀
- 貞淑 ていしゅく 정숙(행실이 곧고, 마음씨가 고움)

粛

음 : シュク　　훈 : –

- 静粛 せいしゅく 정숙(조용하고 엄숙함)
- 自粛 じしゅく 자숙(자신의 행동을 스스로 조심함)

術

음 : ジュツ　　훈 : –

- 術策じゅっさく 술책, 책략　　芸術げいじゅつ 예술
- 美術びじゅつ 미술

庶

음 : ショ　　훈 : –

- 庶民しょみん 서민, 일반 대중
- 庶務しょむ 서무

唱

음 : ショウ　　훈 : となえる

- 唱歌しょうか 창가(노래를 부름)
- 唱となえる 외다, 부르다
- 合唱がっしょう 합창

商

음 : ショウ　　훈 : あきなう

- 商売しょうばい 장사, 상업
- 商あきなう 장사하다
- 貿易商ぼうえきしょう 무역상

渉

음 : ショウ　　훈 : –

- 渉外しょうがい 섭외
- 交渉こうしょう 교섭
- 干渉かんしょう 간섭

章

음 : ショウ　　훈 : –

文章ぶんしょう 문장
● 憲章けんしょう 헌장

紹

음 : ショウ　　훈 : –

紹介しょうかい 소개

訟

음 : ショウ　　훈 : –

● 訴訟そしょう 소송

剰

음 : ジョウ　　훈 : –

● 剰余じょうよ 잉여, 나머지
● 過剰かじょう 과잉

常

음 : ジョウ　　훈 : つね　とこ

● 常備じょうび 상비(늘 준비해 둠)
日常にちじょう 일상, 평소
● 常つねに 늘, 항상
● 常夏とこなつ 상하(늘 계속되는 여름)

情

음 : ジョウ　セイ　　훈 : なさけ

情報じょうほう 정보
人情にんじょう 인정
●● 風情ふぜい 풍치, 운치
● 情なさけ 정

深

음 : シン　　훈 : ふかい　ふかまる　ふかめる

深夜しんや　심야, 깊은 밤
水深すいしん　수심
深ふかい　깊다
深ふかまる　깊어지다
深ふかめる　깊게 하다

紳

음 : シン　　훈 : -

- 紳士しんし　신사

進

음 : シン　　훈 : すすむ　すすめる

- 進級しんきゅう　진급
- 前進ぜんしん　전진
- 進すすむ　나아가다
- 進すすめる　앞으로 가게 하다

推

음 : スイ　　훈 : おす

- 推進すいしん　추진
- 推薦すいせん　추천
- 推おす　밀다, 추진시키다

酔

음 : スイ　　훈 : よう

- 麻酔ますい　마취
- 心酔しんすい　심취
- 酔よう　술에 취하다
- 二日酔ふつかよい　숙취

崇

음 : スウ　　훈 : –

- 崇拝すうはい　숭배
- 崇高すうこう　숭고

据

음 : –　　훈 : すえる　すわる

- 据すえる　고정시키다, 자리잡아 놓다
- 据すわる　머물러 있다

清

음 : セイ　ショウ　　훈 : きよい　きよまる　きよめる

- 清潔せいけつ　청결
- 粛清しゅくせい　숙청
- ●清浄しょうじょう　청정, 맑고 깨끗함
- 清きよい　깨끗하다
- 清きよまる　맑아지다, 깨끗해지다
- 清きよめる　맑게 하다, 깨끗이 하다

특 清水しみず　맑은 샘물

盛

음 : セイ　　훈 : もる　さかん　さかる

- 盛大せいだい　성대
- 隆盛りゅうせい　융성
- 盛もる　담다
- 盛さかんだ　왕성하다
- 花盛はなざかり　꽃이 한창임, 여자가 가장 아름다운 나이

특 繁盛はんじょう　번성

惜

음 : セキ　　훈 : おしい　おしむ

- 惜敗せきはい　석패
- 哀惜あいせき　애석
- 惜おしい　아깝다
- 惜おしむ　아쉬워하다

戚

음 : セキ　　훈 : −

- 親戚しんせき　친척

責

음 : セキ　　훈 : せめる

責任せきにん　책임

- 職責しょくせき　직책
- 責せめる　꾸짖다

接

음 : セツ　　훈 : つぐ

接せっする　접하다

- 接触せっしょく　접촉

直接ちょくせつ　직접

- 接つぐ　이어 붙이다, 깁다

設

음 : セツ　　훈 : もうける

- 設備せつび　설비

建設けんせつ　건설

- 設もうける　마련하다, 설치하다

雪

음 : セツ　　훈 : ゆき

- 雪辱せつじょく 설욕(부끄러움을 씻음)
- 積雪せきせつ 적설

雪ゆき 눈

初雪はつゆき 첫눈

특 雪崩なだれ 눈사태	吹雪ふぶき 눈보라

旋

음 : セン　　훈 : –

- 旋回せんかい 선회(빙빙 돎)
- 周旋しゅうせん 주선, 알선

船

음 : セン　　훈 : ふね ふな

- 船舶せんぱく 선박
- 乗船じょうせん 승선(배에 탐)

船ふね 배

大船おおぶね 큰 배

- 船旅ふなたび 배를 타고 하는 여행
- 船賃ふなちん 선임(뱃삯)

措

음 : ソ　　훈 : –

- 措置そち 조치, 조처
- 挙措きょそ 거조(말이나 행동 등을 하는 태도), 행동거지

粗

음 : ソ　　훈 : あらい

- 粗密そみつ　소밀(성김과 빽빽함)
- 精粗せいそ　정조(정밀한 것과 거친 것)
- 粗あらい　엉성하다, 거칠다

組

음 : ソ　　훈 : くむ　くみ

- 組織そしき　조직
- 組成そせい　조성
- 組くむ　짜다, 얽다
- 組くみ　세트, 학급
- 組立くみたて　조립

掃

음 : ソウ　　훈 : はく

掃除そうじ　청소

- 清掃せいそう　청소
- 掃はく　쓸다, 비질하다

曹

음 : ソウ　　훈 : –

- 法曹界ほうそうかい　법조계
- 陸曹りくそう　〔일본 군대〕 하사관 계급

曽

음 : ソ　　훈 : –

- 曽祖父そそふ　증조부

爽

음 : ソウ　　훈 : さわやか

- 爽快そうかい　상쾌
- 爽さわやか　시원한 모양, 상쾌한 모양

巣

음 : ソウ　　훈 : す

- 病巣びょうそう　병원균이 있는 곳
- 巣立すだつ　보금자리를 떠나다
- 巣す　둥지

窓

음 : ソウ　　훈 : まど

- 車窓しゃそう　차창
- 窓まど　창, 창문
- 同窓会どうそうかい　동창회
- 窓口まどぐち　창구

側

음 : ソク　　훈 : かわ

- 側面そくめん　측면
- 側がわ　곁, 옆
- 側近そっきん　측근
- 裏側うらがわ　안쪽, 뒤쪽

族

음 : ゾク　　훈 : -

家族かぞく　가족

民族みんぞく　민족

率

음 : ソツ　リツ　　훈 : ひきいる

- 率先そっせん　솔선
- 能率のうりつ　능률
- 軽率けいそつ　경솔
- 率ひきいる　거느리다, 지휘하다
- 比率ひりつ　비율, 비

唾

음 : ダ　　훈 : つば

- 唾液だえき　타액, 침
- 唾つば　침

袋

음 : タイ　　훈 : ふくろ

- 風袋ふうたい　포장, 겉모양
- 紙袋かみぶくろ　종이 봉투
- 袋ふくろ　주머니, 자루

특 足袋たび　일본식 버선

逮

음 : タイ　　훈 : –

- 逮捕たいほ　체포

第

음 : ダイ　　훈 : –

- 第三者だいさんしゃ　제3자
- 及第きゅうだい　급제, 합격

脱

음 : ダツ

훈 : ぬげる　ぬぐ

- 脱出だっしゅつ　탈출
- 虚脱きょだつ　허탈
- 脱ぬげる　벗겨지다
- 脱ぬぐ　벗다

探

음 : タン

훈 : さがす　さぐる

- 探求たんきゅう　탐구, 탐색
- 探訪たんぼう　탐방
- 探さがす　찾다
- 探さぐる　더듬다, 찾다

淡

음 : タン

훈 : あわい

- 濃淡のうたん　농담(짙음과 옅음)
- 冷淡れいたん　냉담
- 淡あわい　연하다. 엷다

断

음 : ダン

훈 : たつ　ことわる

- 断絶だんぜつ　단절
- 判断はんだん　판단
- 断たつ　끊다
- 断ことわる　거절하다, 미리 말하다

窒

음 : チツ

훈 : -

- 窒息ちっそく　질식
- 窒素ちっそ　질소

著

음 : チョ　　훈 : いちじるしい　あらわす

- 著者ちょしゃ　저자
- 顕著けんちょ　현저
- 著いちじるしい　현저하다, 두드러지다
- 著あらわす　저술하다

帳

음 : チョウ　　훈 : –

- 手帳てちょう　수첩
- 通帳つうちょう　통장
- 几帳面きちょうめん　착실하고 꼼꼼한 모양

특 蚊帳かや　모기장

張

음 : チョウ　　훈 : はる

- 拡張かくちょう　확장
- 主張しゅちょう　주장
- 張はる　뻗다, 퍼져 덮이다
- 欲張よくばる　지나치게 욕심부리다
- 引ひっ張ぱる　끌다, 끌어당기다

彫

음 : チョウ　　훈 : ほる

- 彫刻ちょうこく　조각
- 彫ほる　새기다, 조각하다
- 木彫きぼり　목조(나무에 조각함)
  = 木彫もくちょう　목조

眺

음 : チョウ　　훈 : ながめる

- 眺望ちょうぼう　조망, 전망
- 眺ながめる　바라보다, 전망하다

釣

음 : チョウ　　훈 : つる

- 釣魚ちょうぎょ　조어, 낚시질
- 釣つる　낚다
- 釣つり合あい　균형, 조화, 평형

頂

음 : チョウ　　훈 : いただく　いただき

- 頂上ちょうじょう　정상, 절정
- 絶頂ぜっちょう　절정
- 頂いただく　받들다, 먹다·마시다·받다의 겸손한 말투
- 頂いただき物もの　얻은 것, 선물
- 頂いただき　꼭대기, 정상

鳥

음 : チョウ　　훈 : とり

- 鳥類ちょうるい　조류
- 一石二鳥いっせきにちょう　일석이조

鳥とり　새

小鳥ことり　작은 새

陳

음 : チン　　훈 : -

- 陳列ちんれつ　진열
- 開陳かいちん　개진(주장·사실 등을 밝히려고 의견을 말하거나 글로 씀)

停

음 : テイ　　훈 : –

- 停止ていし　정지
- 停車ていしゃ　정차

偵

음 : テイ　　훈 : –

- 偵察ていさつ　정찰
- 探偵たんてい　탐정

笛

음 : テキ　　훈 : ふえ

- 汽笛きてき　기적(기차 등의 경적 소리)
- 警笛けいてき　경적
- 笛ふえ　피리
- 口笛くちぶえ　휘파람

添

음 : テン　　훈 : そう　そえる

- 添加てんか　첨가
- 添削てんさく　첨삭(첨가와 삭제)
- 添そう　더하다, 첨가하다
- 添そえる　곁들이다, 첨부하다

転

음 : テン　　훈 : ころぶ　ころがる　ころがす

- 転出てんしゅつ　전출(새 거주지·새 근무지 등으로 옮겨 감)
- 運転うんてん　운전
- 転ころぶ　쓰러지다, 구르다
- 転ころがる　구르다, 자빠지다
- 転ころがす　굴리다, 넘어뜨리다

都

음 : ト ツ　　훈 : みやこ

- 都会とかい 도회지, 도시
- 都市とし 도시
- 首都しゅと 수도
- ● 都合つごう 형편, 사정, 융통함
- ●● 都度つど 그때마다, ~할 때마다
- ● 都みやこ 수도, 도읍지

悼

음 : トウ　　훈 : いたむ

- ● 哀悼あいとう 애도
- ● 追悼ついとう 추도(죽은 사람을 생각하여 슬퍼함)
- ● 悼いたむ 애도하다, 슬퍼하다

盗

음 : トウ　　훈 : ぬすむ

- ● 盗難とうなん 도난
- ● 強盗ごうとう 강도
- ● 盗ぬすむ 훔치다, 속이다

陶

음 : トウ　　훈 : -

- ● 陶磁器とうじき 도자기
- ● 陶酔とうすい 도취

動

음 : ドウ　　훈 : うごく　うごかす

- 動物どうぶつ 동물
- ● 騒動そうどう 소동
- 動うごく 움직이다
- 動うごかす 움직이게 하다

堂

음 : ドウ　　훈 : –

食堂しょくどう 식당
- 殿堂でんどう 전당

得

음 : トク　　훈 : える うる

得意とくい 자신 있음, 잘함, 자신만만
- 得える 얻다, 획득하다
- あり得うる 있을 수 있다
- 損得そんとく 손득(손실과 이득)

豚

음 : トン　　훈 : ぶた

- 養豚ようとん 양돈, 돼지치기
- 豚ぶた 돼지

貪

음 : ドン　　훈 : むさぼる

- 貪欲どんよく 탐욕
- 貪むさぼる 탐하다, 탐내다

梨

음 : –　　훈 : なし

- 梨なし 배(나무)
- 梨なしのつぶて 편지를 보내도 소식이 없음

軟

음 : ナン　　훈 : やわらかい　やわらか

- 軟弱なんじゃく 연약
- 硬軟こうなん 경연(단단함과 부드러움)
- 軟やわらかい 연하다, 부드럽다
- 軟やわらかだ 연하다, 단단하지 않은 모양

捻

음 : ネン　　훈 : ねじる　ひねる

- 捻挫ねんざ 관절을 삠
- 捻ねじる 쥐어짜다
- 捻ひねる 비틀다, 생각을 짜내다

粘

음 : ネン　　훈 : ねばる

- 粘土ねんど 점토, 찰흙
- 粘液ねんえき 점액(끈적끈적한 액체)
- 粘ねばる 잘 달라붙다
- 粘ねばり強づよい 끈기 있다, 끈질기다

脳

음 : ノウ　　훈 : -

- 脳のう 뇌
- 首脳しゅのう 수뇌(가장 중요한 자리의 인물)
- 頭脳ずのう 두뇌

婆

음 : バ　　훈 : -

- 老婆ろうば 노파(늙은 여자)
- 産婆役さんばやく 산파역

排

음 : ハイ　　훈 : –

- 排斥はいせき　배척
- 排気はいき　배기

敗

음 : ハイ　　훈 : やぶれる

- 敗北はいぼく　패배
- 失敗しっぱい　실패
- 腐敗ふはい　부패
- 敗やぶれる　지다, 패배하다

培

음 : バイ　　훈 : つちかう

- 培養ばいよう　배양
- 培つちかう　배양하다, 가꾸다
- 栽培さいばい　재배

陪

음 : バイ　　훈 : –

- 陪食ばいしょく　배식(귀인을 모시고 한자리에서 식사를 같이함)
- 陪審ばいしん　배심(재판을 심사하는 자리에 참석함)

舶

음 : ハク　　훈 : –

- 舶来はくらい　박래, 외래(다른 나라에서 옴)
- 船舶せんぱく　선박

販

음 : ハン　　훈 : –

- 販売はんばい　판매
- 市販しはん　시판

票

음 : ヒョウ　　훈 : -

- 票決ひょうけつ　표결
- 伝票でんぴょう　전표
- 投票とうひょう　투표

描

음 : ビョウ　　훈 : えがく

- 描写びょうしゃ　묘사
- 素描そびょう　소묘, 데생

描えがく　그리다

猫

음 : ビョウ　　훈 : ねこ

- 愛猫あいびょう　애완 고양이, 고양이를 귀여워함

猫ねこ　고양이

貧

음 : ヒン　ビン　　훈 : まずしい

- 貧富ひんぷ　빈부
- 貧乏びんぼう　가난함
- 貧弱ひんじゃく　빈약
- 貧まずしい　가난하다

瓶

음 : ビン　　훈 : -

- 瓶びん　병
- 花瓶かびん　꽃병
- 瓶詰びんづめ　병에 담음

婦

음 : フ　　훈 : –

- 婦人ふじん 부인, 여성
- 主婦しゅふ 주부

符

음 : フ　　훈 : –

- 符号ふごう 부호, 기호
- 切符きっぷ 표, 티켓

部

음 : ブ　　훈 : –

部分ぶぶん 부분

全部ぜんぶ 전부

특 部屋へや 방

副

음 : フク　　훈 : –

- 副作用ふくさよう 부작용
- 副業ふくぎょう 부업

閉

음 : ヘイ　　훈 : しまる しめる とじる とざす

- 閉店へいてん 폐점
- 密閉みっぺい 밀폐

閉しまる 닫히다

閉しめる 닫다

- 閉とじる 닫히다, 닫다
- 閉とざす 닫다, 잠그다

偏

음 : ヘン　　훈 : かたよる

- 偏食へんしょく　편식
- 偏見へんけん　편견
- 偏かたよる　치우치다

崩

음 : ホウ　　훈 : くずれる　くずす

- 崩壊ほうかい　붕괴
- 崩くずれる　무너지다, 붕괴하다
- 山崩やまくずれ　산사태
- 崩くずす　무너뜨리다, 잔돈으로 바꾸다

특 雪崩なだれ　눈사태

訪

음 : ホウ　　훈 : たずねる　おとずれる

訪問ほうもん　방문

- 来訪らいほう　내방

訪たずねる　방문하다

- 訪おとずれる　방문하다, 찾다

望

음 : ボウ　モウ　　훈 : のぞむ

希望きぼう　희망

- 人望じんぼう　인망, 덕망
- 大望たいもう, たいぼう　대망(큰 희망)
- 望のぞむ　바라다, 소망하다
- 望のぞましい　바람직하다

堀

음 : –　　훈 : ほり

- 堀ほり　땅을 파서 만든 수로, 굴

麻

음 : マ　　훈 : あさ

- 麻薬まやく　마약
- 麻酔ますい　마취
- 麻あさ　삼, 모시

密

음 : ミツ　　훈 : –

- 厳密げんみつ　엄밀
- 秘密ひみつ　비밀

務

음 : ム　　훈 : つとめる

- 義務ぎむ　의무
  事務所じむしょ　사무소
- 務つとめる　임무를 맡다,
  역할을 다하다

猛

음 : モウ　　훈 : –

- 猛烈もうれつ　맹렬(기세가 몹시 사납고 세차다)
- 勇猛ゆうもう　용맹

특 猛者もさ　명수, 수완가, 강자

問

음 : モン　　훈 : とう　とん

問題もんだい　문제

訪問ほうもん　방문

- 問とう　묻다, 물어보다
- 問屋とんや, といや　도매상

野

음 : ヤ　　훈 : の

野球やきゅう　야구

分野ぶんや　분야

- 野の　들
- 野原のはら　들판
- 野良のら　들, 전답

訳

음 : ヤク　　훈 : わけ

- 翻訳ほんやく　번역

通訳つうやく　통역

- 訳わけ　뜻, 이유
- 内訳うちわけ　내역(물품이나 금액 등의 내용)
- 申もうし訳わけ　변명, 해명

唯

음 : ユイ　　훈 : -

- 唯一ゆいいつ　유일
- 唯物論ゆいぶつろん　유물론

悠

음 : ユウ　　훈 : -

- 悠然ゆうぜん　유연(침착하고 여유 있는 모습)
- 悠々ゆうゆう　유유(움직임이 한가하고 여유가 있음)

郵

음 : ユウ　　훈 : –

郵便局ゆうびんきょく 우체국　郵送ゆうそう 우송(우편으로 보냄)

庸

음 : ヨウ　　훈 : –

- 凡庸ぼんよう 범용, 평범
- 中庸ちゅうよう 중용

欲

음 : ヨク　　훈 : ほしい　ほっする

- 欲望よくぼう 욕망
- 食欲しょくよく 식욕

欲ほしい ~하고 싶다, 바라다

- 欲ほっする 바라다, 원하다

翌

음 : ヨク　　훈 : –

- 翌年よくねん 다음 해, 익년
- 翌日よくじつ 이튿날, 익일

理

음 : リ　　훈 : –

理由りゆう 이유　物理ぶつり 물리

陸

음 : リク　　훈 : –

- 陸地りくち 육지
- 陸橋りっきょう 육교
- 大陸たいりく 대륙

略

음 : リャク　　훈 : –

- 略りゃく　생략
- 侵略しんりゃく　침략
- 略称りゃくしょう　약칭

粒

음 : リュウ　　훈 : つぶ

- 粒子りゅうし　입자
- 豆粒まめつぶ　콩알
- 粒つぶ　알, 알갱이

隆

음 : リュウ　　훈 : –

- 隆盛りゅうせい　융성
- 興隆こうりゅう　흥륭, 융성함

涼

음 : リョウ　　훈 : すずしい　すずむ

- 清涼剤せいりょうざい　청량제
- 納涼のうりょう　납량(여름에 더위를 피해 서늘한 기운을 느낌)

涼すずしい　시원하다

- 涼すずむ　시원한 바람을 쐬다
- 夕涼ゆうすずみ　저녁 때 시원한 바람을 쐼

猟

음 : リョウ　　훈 : –

- 猟師りょうし　사냥꾼
- 狩猟しゅりょう　수렵, 사냥

陵

음 : リョウ　　훈 : みささぎ

- 陵墓りょうぼ　능묘
- 丘陵きゅうりょう　구릉, 언덕
- ●● 陵みささぎ　능(왕이나 왕후의 무덤)

累

음 : ルイ　　훈 : -

- 累計るいけい　누계(계속하여 덧붙여 합산함)
- 累積るいせき　누적

12획 한자

握

음 : アク　　훈 : にぎる

- 握手あくしゅ　악수
- 掌握しょうあく　장악
- 握にぎる　쥐다, 잡다

偉

음 : イ　　훈 : えらい

- 偉大いだい　위대
- 偉人いじん　위인
- 偉えらい　훌륭하다

飮

음 : イン　　　훈 : のむ

- 飮料いんりょう 음료
- 試飮しいん 시음

飮のむ 마시다

飮のみ物もの 음료, 마실 것

運

음 : ウン　　　훈 : はこぶ

運転うんてん 운전

運動うんどう 운동

- 幸運こううん 행운

運はこぶ 나르다, 운반하다

雲

음 : ウン　　　훈 : くも

- 雲海うんかい 구름바다
- 風雲ふううん 바람과 구름

雲くも 구름

営

음 : エイ　　　훈 : いとなむ

営業えいぎょう 영업

運営うんえい 운영

- 営いとなむ 경영하다

越

음 : エツ　　　훈 : こえる　こす

- 越境えっきょう 국경이나 경계선을 넘음
- 超越ちょうえつ 초월

- 越こえる 넘다
- 越こす 넘기다

援

음 : エン　　훈 : –

- 援助えんじょ 원조
- 応援おうえん 응원

奥

음 : オウ　　훈 : おく

- ●● 奥義おうぎ, おくぎ 비결
- 深奥しんおう 심오
- 奥おく 깊숙한 안쪽
- 奥おくさん 부인(남의 아내를 높여 부르는 말)

温

음 : オン　　훈 : あたたかい　あたたまる　あたためる

- 温泉おんせん 온천
- 温暖おんだん 온난
- 気温きおん 기온
- 温あたたかい 따뜻하다
- 温あたたまる 따뜻해지다
- 温あたためる 따스하게 하다

過

음 : カ　　훈 : すぎる　すごす　あやまつ

- 過程かてい 과정
- 通過つうか 통과
- 過すぎる 지나다
- 過すごす 보내다, 지내다
- 過あやまつ 잘못하다, 실수하다

賀

음 : ガ　　훈 : -

- 年賀状ねんがじょう 연하장
- 祝賀しゅくが 축하

絵

음 : カイ　　훈 : え

- 絵画かいが 회화
  絵え 그림
  絵本えほん 그림 책

開

음 : カイ　　훈 : ひらく　ひらける　あく　あける

- 開始かいし 개시
- 展開てんかい 전개
  開ひらく 열리다
  開ひらける 열리다, 전개되다
  開あく 열리다
  開あける 열다

階

음 : カイ　　훈 : -

- 階段かいだん 계단
- 階級かいきゅう 계급

街

음 : ガイ　カイ　　훈 : まち

- 街路樹がいろじゅ 가로수
- 商店街しょうてんがい 상점가
- 街道かいどう 큰길
  街まち 거리

覚

음 : カク　　훈 : おぼえる　さめる　さます

- 覚悟かくご　각오
- 発覚はっかく　발각
- 覚おぼえる　외우다
- 覚さめる　잠이 깨다
- 覚さます　깨우다, 깨우치다

割

음 : カツ　　훈 : われる　わる　さく

- 割愛かつあい　할애
- 分割ぶんかつ　분할
- 割われる　깨지다
- 割わる　깨다
- 割合わりあい　비율
- 割さく　찢다, 쪼개다

寒

음 : カン　　훈 : さむい

- 寒暑かんしょ　한서(추위와 더위)
- 厳寒げんかん　혹한
- 寒さむい　춥다

換

음 : カン　　훈 : かわる　かえる

- 換気かんき　환기
- 交換こうかん　교환
- 換かわる　바뀌다
- 換かえる　바꾸다

間

음 : カン　ケン　　　훈 : あいだ　ま

- 間隔かんかく　간격
  空間くうかん　공간
- 世間せけん　세상, 세간
- 人間にんげん　인간
  間あいだ　~동안(에)
- 間柄あいだがら　관계, 사이
- 仲間なかま　동료
  → 仲間外なかまはずれ　따돌림, 외톨이

喜

음 : キ　　　훈 : よろこぶ

- 喜劇きげき　희극
- 悲喜ひき　희비
  喜よろこぶ　기뻐하다
  喜よろこばしい　기쁘다, 즐겁다

揮

음 : キ　　　훈 : –

- 揮発油きはつゆ　휘발유
- 発揮はっき　발휘

期

음 : キ　ゴ　　　훈 : –

  期待きたい　기대
- 予期よき　예기, 미리 기대함
- 最期さいご　최후, 마지막, 임종

棋

음 : キ　　　훈 : –

- 棋士きし　기사
- 将棋しょうぎ　장기

貴

음 : キ　　훈 : たっとい　とうとい　たっとぶ　とうとぶ

- 貴重きちょう　귀중
- ●● 騰貴とうき　등귀, 값이 오름
- 貴たっとい　고귀하다
- 貴とうとい　귀중하다, 소중하다
- 貴たっとぶ　우러르다, 숭상하다
- 貴とうとぶ　공경하다, 중요시하다

欺

음 : ギ　　훈 : あざむく

- 詐欺さぎ　사기
- 欺あざむく　속이다

喫

음 : キツ　　훈 : –

喫茶店きっさてん　찻집

- 満喫まんきつ　만끽

給

음 : キュウ　　훈 : –

- 給食きゅうしょく　급식
- 給料きゅうりょう　급료
- 月給げっきゅう　월급

距

음 : キョ　　훈 : –

- 距離きょり　거리

御

음 : ギョ ゴ　　훈 : おん お

- 制御せいぎょ 제어
  御飯ごはん 식사, 밥

- •• 御中おんちゅう 귀중(우편을 받을 상대방 이름 뒤에 붙이는 말)
  御礼おれい 감사, 감사의 선물

極

음 : キョク ゴク　　훈 : きわまる きわめる きわみ

- 極限きょくげん 극한, 한계점
- 積極的せっきょくてき 적극적
- 極上ごくじょう 극상, 최상
- 極秘ごくひ 극비

- •• 至極しごく 더할 나위 없음, 당연함
- 極きわまる 극히 ~ 하다
- 極きわめる 극한에 이르다
- 極きわみ 끝, 극도, 극한

勤

음 : キン　　훈 : つとめる

勤務きんむ 근무
出勤しゅっきん 출근

勤つとめる 근무하다

琴

음 : キン　　훈 : こと

- 琴瑟きんしつ 금슬
- 木琴もっきん 목금, 실로폰

- 琴こと 거문고

筋

음 : キン　　훈 : すじ

- 筋肉きんにく　근육
- 鉄筋てっきん　철근
- 筋すじ　힘줄, (이야기의) 줄거리

遇

음 : グウ　　훈 : –

- 境遇きょうぐう　경우, 처지
- 待遇たいぐう　대우, 대접

隅

음 : グウ　　훈 : すみ

- 一隅いちぐう　한구석, 한쪽 구석
- 隅すみ　모퉁이, 구석
- 片隅かたすみ　한구석, 한쪽 구석

敬

음 : ケイ　　훈 : うやまう

- 敬意けいい　경의
- 尊敬そんけい　존경
- 敬うやまう　존경하다, 공경하다

景

음 : ケイ　　훈 : –

景気けいき　〔경제〕 경기

光景こうけい　광경

특 景色けしき　경치, 풍경

軽

음 : ケイ　　훈 : かるい　かろやか

- 軽快けいかい　경쾌함
- 軽率けいそつ　경솔
- 軽かるい　가볍다
- 手軽てがるだ　손쉽다, 간편하다
- 軽かろやかだ　가붓하다(조금 가벼운 듯하다)

結

음 : ケツ　　훈 : むすぶ　ゆう

- 結論けつろん　결론
- 結構けっこう　훌륭함, 상당히
- 結婚けっこん　결혼
- 結むすぶ　연결하다, 맺다
- 結ゆう　(머리카락 등을) 땋다

圏

음 : ケン　　훈 : –

- 圏内けんない　권내, 범위 안
- 首都圏しゅとけん　수도권

堅

음 : ケン　　훈 : かたい

- 堅固けんご　견고
- 堅実けんじつ　견실
- 堅かたい　단단하고 튼튼함

検

음 : ケン　　훈 : –

- 検査けんさ　검사
- 点検てんけん　점검

減

음 : ゲン　　훈 : へる　へらす

- 減少げんしょう 감소
- 増減ぞうげん 증감
- 減へる 줄다, 적어지다
- 減へらす 줄이다, 덜다

湖

음 : コ　　훈 : みずうみ

- 湖水こすい 호수
- 湖畔こはん 호반
- 湖みずうみ 호수

雇

음 : コ　　훈 : やとう

- 雇用こよう 고용
- 解雇かいこ 해고
- 雇やとう 고용하다

喉

음 : コウ　　훈 : のど

- 咽喉いんこう 인후, 목
- 喉のど 목구멍
- 喉自慢のどじまん 노래자랑
- 喉越のどごし 목 넘김(음식이 목 구멍으로 넘어가는 느낌이나 맛)

慌

음 : コウ　　훈 : あわてる　あわただしい

- 恐慌きょうこう 공황
- 慌あわてる 당황하다
- 慌あわただしい 분주하다, 어수선하다

港

음 : コウ　　훈 : みなと

- 港湾こうわん　항만
- 出港しゅっこう　출항
- 港みなと　항구

硬

음 : コウ　　훈 : かたい

- 硬度こうど　경도
- 硬貨こうか　경화(금속 화폐)
- 硬かたい　딱딱하다, 단단하다

絞

음 : コウ　　훈 : しぼる　しまる　しめる

- 絞首刑こうしゅけい　교수형
- 絞しぼる　짜다
- 絞しまる　죄이다
- 絞しめる　조르다, 비틀다

項

음 : コウ　　훈 : –

- 項目こうもく　항목
- 条項じょうこう　조항

詐

음 : サ　　훈 : –

- 詐欺さぎ　사기
- 詐称さしょう　사칭

最

음 : サイ　　훈 : もっとも

- 最近さいきん 최근
- 最先端さいせんたん 최첨단
- 最後さいご 마지막
- 最もっとも 제일, 가장

특 最寄りもより 가장 가까움

裁

음 : サイ　　훈 : たつ　さばく

- 裁判さいばん 재판
- 裁たつ 재단하다
- 体裁ていさい 외관, 체면
- 裁さばく 심판하다, 재판하다

策

음 : サク　　훈 : –

- 策略さくりゃく 책략, 계략
- 対策たいさく 대책

酢

음 : サク　　훈 : す

- 酢酸さくさん 초산
- 酢す 초, 식초

傘

음 : サン　　훈 : かさ

- 傘下さんか 산하
- 傘かさ 우산
- 落下傘らっかさん 낙하산

散

음 : サン　　훈 : ちる　ちらす

- 散歩さんぽ　산책
- 解散かいさん　해산
- 散ちる　흩어지다
- 散ちらす　흩뜨리다

紫

음 : シ　　훈 : むらさき

- 紫紺しこん　남보라(빛)
- 紫外線しがいせん　자외선
- 紫むらさき　보랏빛

詞

음 : シ　　훈 : –

- 歌詞かし　가사
- 作詞さくし　작사

특 祝詞のりと　축사(신에게 제사 지내거나 빌 때 올리는 축문)

歯

음 : シ　　훈 : は

- 歯科しか　치과
- 歯は　치아
- 虫歯むしば　충치

軸

음 : ジク　　훈 : –

- 軸じく　굴대(축)
- 車軸しゃじく　차축(차의 굴대)

湿

음 : シツ　　훈 : しめる　しめす

- 湿度しつど　습도
- 湿気しっけ　습기
- 多湿たしつ　다습
- 湿しめる　축축해지다
- 湿しめす　적시다

煮

음 : シャ　　훈 : にる　にえる

- 煮沸しゃふつ　펄펄 끓임
- 煮にる　삶다, 끓이다
- 雑煮ぞうに　(일본식) 떡국
- 煮にえる　삶아지다, 익다

就

음 : シュウ　ジュ　　훈 : つく　つける

- 就任しゅうにん　취임
- 去就きょしゅう　거취
- •• 成就じょうじゅ　성취
- 就つく　취임하다
- 就つける　(자리, 지위에) 앉히다

衆

음 : シュウ　シュ　　훈 : –

- 大衆たいしゅう　대중
- 聴衆ちょうしゅう　청중
- •• 衆生しゅじょう　중생

集

음 : シュウ　　훈 : あつまる　あつめる　つどう

集合しゅうごう　집합

- 全集ぜんしゅう　전집

集あつまる　모이다

集あつめる　모으다

- 集つどう　모이다, 모여들다

循

음 : ジュン　　훈 : -

- 循環じゅんかん 순환
- 因循いんじゅん 인순(낡은 인습에 얽매임)

順

음 : ジュン　　훈 : -

- 順調じゅんちょう 순조
- 従順じゅうじゅん 잘 순종함

暑

음 : ショ　　훈 : あつい

- 残暑ざんしょ 늦더위
- 避暑ひしょ 피서

暑あつい 덥다

勝

음 : ショウ　　훈 : かつ　まさる

- 勝敗しょうはい 승패, 승부
- 優勝ゆうしょう 우승

勝かつ 이기다, 승리하다

- 勝手かってに 멋대로
- 勝まさる 뛰어나다, 우수하다

掌

음 : ショウ　　훈 : -

- 掌中しょうちゅう 장중(손바닥 안)
- 車掌しゃしょう 차장

晶

음 : ショウ　　훈 : –

- 結晶けっしょう　결정
- 水晶すいしょう　수정

焼

음 : ショウ　　훈 : やける　やく

- 焼却しょうきゃく　소각
- 燃焼ねんしょう　연소
- 焼やける　타다
- 夕焼ゆうやけ　저녁 노을
- 焼やく　태우다, 굽다

焦

음 : ショウ　　훈 : こげる　こがす　こがれる　あせる

- 焦慮しょうりょ　초조
- 焦こげる　타다, 눋다
- 焦こがす　그을리다
- 焦こがれる　그을리다, 애타게 그리다, 동경하다
- 焦あせる　조급하게 굴다, 안달하다

粧

음 : ショウ　　훈 : –

- 化粧けしょう　화장

証

음 : ショウ　　훈 : –

- 証拠しょうこ　증거
- 免許証めんきょしょう　면허증

象

음 : ショウ　ゾウ　　　훈 : -

印象いんしょう 인상　　現象げんしょう 현상
対象たいしょう 대상　　象ぞう 코끼리

場

음 : ジョウ　　　훈 : ば

~場じょう ~장　　場所ばしょ 장소, 곳
場内じょうない 장내(장소의 내부)　　● 広場ひろば 광장
入場にゅうじょう 입장　　● 現場げんば 현장

畳

음 : ジョウ　　　훈 : たたむ　たたみ

● 畳語じょうご 같은 단어가 결합된 복합어　예) 人々ひとびと 사람들
● 畳たたむ 개다, 접다
● 畳たたみ 다다미

植

음 : ショク　　　훈 : うえる　うわる

● 植樹しょくじゅ 식수(나무를 심음)　　● 植木うえき 정원수
● 植物しょくぶつ 식물　　● 植うわる 심어지다
● 植うえる 심다

殖

음 : ショク　　　훈 : ふえる　ふやす

● 生殖せいしょく 생식　　● 殖ふえる 늘다, 늘어나다
● 利殖りしょく 이식　　● 殖ふやす 늘리다

森

음 : シン　　　훈 : もり

- 森林しんりん　삼림, 숲
- 森厳しんげん　삼엄함
- 森もり　숲

診

음 : シン　　　훈 : みる

- 診察しんさつ　진찰
- 往診おうしん　왕진(의사가 환자 집으로 가서 진찰함)
- 診みる　진찰하다

尋

음 : ジン　　　훈 : たずねる

- 尋問じんもん　심문
- 尋常じんじょう　심상, 보통
- 尋たずねる　묻다

須

음 : ス　　　훈 : –

- 必須ひっす　필수

遂

음 : スイ　　　훈 : とげる

- 遂行すいこう　수행
- 未遂みすい　미수
- 遂とげる　이루다, 달성하다

随

음 : ズイ　　　　훈 : -

- 随行ずいこう　수행(따라감)
- 追随ついずい　추종

婿

음 : セイ　　　　훈 : むこ

- 女婿じょせい　사위
- 婿むこ　사위, 신랑
- 花婿はなむこ　신랑

晴

음 : セイ　　　　훈 : はれる　はらす

- 晴天せいてん　맑은 하늘
- 快晴かいせい　쾌청
- 晴はれる　날씨가 개다, 혐의가 풀리다
- 晴はらす　(원한, 의심 등을) 풀다
- 気晴らきばらし　기분 전환

税

음 : ゼイ　　　　훈 : -

- 税金ぜいきん　세금
- 免税めんぜい　면세

絶

음 : ゼツ　　　　훈 : たつ　たえる　たやす

- 絶妙ぜつみょう　절묘
- 絶対ぜったい　절대, 꼭
- 断絶だんぜつ　단절
- 絶たつ　끊다, 자르다
- 絶たえる　끊어지다
- 絶たやす　끊어지게 하다

善

음 : ゼン　　훈 : よい

- 善悪ぜんあく　선악
- 慈善じぜん　자선
- 善よい　좋다

然

음 : ゼン　ネン　　훈 : –

- 自然しぜん　자연
- 必然ひつぜん　필연
- 天然てんねん　천연

疎

음 : ソ　　훈 : うとい　うとむ

- 疎密そみつ　소밀(성김과 빽빽함)
- 疎外そがい　소외
- 疎うとい　소원하다, 잘 모르다
- 疎うとむ　멀리하다, 소외하다

訴

음 : ソ　　훈 : うったえる

- 訴訟そしょう　소송
- 告訴こくそ　고소
- 訴うったえる　호소하다, 소송하다

創

음 : ソウ　　훈 : –

- 創造そうぞう　창조
- 独創どくそう　독창

喪

음 : ソウ　　훈 : も

- 喪失そうしつ　상실
- 喪も　상, 문상
- 喪主もしゅ　상주
- 喪服もふく　상복

痩

음 : –　　훈 : やせる

- 痩やせる　마르다, 살이 빠지다

葬

음 : ソウ　　훈 : ほうむる

- 葬儀そうぎ　장의, 장례식
- 埋葬まいそう　매장
- 葬ほうむる　묻다, 매장하다

装

음 : ソウ　ショウ　　훈 : よそおう

- 装置そうち　장치
- 服装ふくそう　복장, 옷차림
- 衣装いしょう　의상, 복장
- 装よそおう　차려입다, 가장하다 체하다

測

음 : ソク　　훈 : はかる

- 測量そくりょう　측량
- 推測すいそく　추측
- 測はかる　재다

属

음 : ゾク 훈 : –

- 属性ぞくせい 속성(사물의 특징이나 성질)
- 金属きんぞく 금속, 쇠붙이

尊

음 : ソン 훈 : たっとい とうとい たっとぶ とうとぶ

尊敬そんけい 존경
- 尊たっとい 귀중하다, 소중하다
- 尊とうとい 귀중하다, 소중하다
- 尊たっとぶ 공경하다, 존경하다
- 尊とうとぶ 공경하다, 존경하다

堕

음 : ダ 훈 : –

- 堕落だらく 타락

惰

음 : ダ 훈 : –

- 怠惰たいだ 나태, 게으름
- 惰気だき 타기(게으른 마음)

替

음 : タイ 훈 : かわる かえる

- 代替だいたい 대체, 바꿈
- 替かわる 바뀌다, 대신하다
- 替かえる 바꾸다
- 両替りょうがえ 환전

특 為替かわせ 환(換)

貸

음 : タイ　　훈 : かす

- 貸与たいよ 대여
- 賃貸ちんたい 임대

貸かす 빌려 주다

隊

음 : タイ　　훈 : –

- 隊員たいいん 대원
- 軍隊ぐんたい 군대

達

음 : タツ　　훈 : –

- 達人たつじん 달인
- 調達ちょうたつ 조달

특 友達ともだち 친구, 벗

棚

음 : –　　훈 : たな

- 棚たな 선반
- 戸棚とだな 찬장·신발장·책장 등 안에 선반을 단 장

短

음 : タン　　훈 : みじかい

短所たんしょ 단점

短みじかい 짧다

- 長短ちょうたん 장단과 단점

弾

음 : ダン　　훈 : ひく　はずむ　たま

- 弾力だんりょく 탄력
- 爆弾ばくだん 폭탄
- 弾ひく （현악기를）연주하다, 켜다
- 弾はずむ 튀다, 들뜨다
- 弾たま 탄알, 탄환

遅

음 : チ　　훈 : おそい　おくれる　おくらす

- 遅延ちえん 지연(시간이 늦추어짐)
- 遅刻ちこく 지각

遅おそい 느리다, 더디다

遅おくれる 늦다, 지각하다

- 遅おくらす 늦추다, 늦게 하다

着

음 : チャク　ジャク　　훈 : きる　きせる　つく　つける

- 着用ちゃくよう 착용
- 執着しゅうちゃく, しゅうじゃく 집착

着きる 입다

着物きもの 옷, 일본의 전통 의상

- 晴はれ着ぎ 나들이 옷
- 着きせる 입히다

着つく 닿다, 도착하다

- 着つける 갖다 붙이다, 닿게 하다

貯

음 : チョ　　훈 : ためる

貯金ちょきん 저금

- 貯蓄ちょちく 저축
- 貯ためる 돈을 모으다

朝

음 : チョウ　　훈 : あさ

朝食ちょうしょく 조식(아침 식사)
朝あさ 아침
- 早朝そうちょう 조조(이른 아침)
毎朝まいあさ 매일 아침

특 今朝けさ 오늘 아침

貼

음 : チョウ　　훈 : はる

- 貼付ちょうふ 첩부(붙임)
- 貼はる 붙이다

超

음 : チョウ　　훈 : こえる　こす

- 超越ちょうえつ 초월
- 超過ちょうか 초과
- 超こえる 지나가다, 기준을 넘다
- 超こす 넘기다, 초과하다

痛

음 : ツウ　　훈 : いたい　いたむ　いためる

- 痛快つうかい 통쾌
- 苦痛くつう 고통
痛いたい 아프다
痛いたむ 아프다, 괴롭다
痛いためる 아프게 하다

塚

음 : -　　훈 : つか

- 塚つか 총, 무덤
- 貝塚かいづか 패총(조개 더미)

堤

음 : テイ　　　훈 : つつみ

- 堤防ていぼう　제방, 둑
- 防波堤ぼうはてい　방파제
- 堤つつみ　제방, 둑

提

음 : テイ　　　훈 : さげる

- 提供ていきょう　제공
- 提案ていあん　제안
- 前提ぜんてい　전제
- 提さげる　(손에) 들다

程

음 : テイ　　　훈 : ほど

- 程度ていど　정도
- 日程にってい　일정, 스케줄
- 程ほど　정도, 쯤

渡

음 : ト　　　훈 : わたる　わたす

- 渡航とこう　도항(배를 타고 바다를 건넘)
- 譲渡じょうと　양도

渡わたる　건너다
渡わたす　건네주다, 건너가게 하다

塔

음 : トウ　　　훈 : –

- 塔とう　탑
- 石塔せきとう　석탑

搭

음 : トウ　　훈 : –

- 搭載とうさい 탑재
- 搭乗券とうじょうけん 탑승권

棟

음 : トウ　　훈 : むね むな

- 病棟びょうとう 병동
- 棟むね 용마루(지붕의 면과 면이 이어지는 부분), 마룻대
- 別棟べつむね 별동, 별채, 딴채
- 棟木むなぎ 마룻대로 쓰는 목재

湯

음 : トウ　　훈 : ゆ

- 湯治とうじ 온천에서 목욕하여 병을 고침
- 熱湯ねっとう 열탕
- 湯ゆ 뜨거운 물

痘

음 : トウ　　훈 : –

- 水痘すいとう 수두
- 天然痘てんねんとう 천연두

登

음 : トウ　　훈 : のぼる

- 登校とうこう 등교
- 登録とうろく 등록
- 登のぼる 오르다

특 登山とざん 등산

答

음 : トウ　　훈 : こたえる

- 答弁とうべん　답변
- 問答もんどう　문답(질문과 답)
- 答こたえる　대답하다

等

음 : トウ　　훈 : ひとしい

- 等分とうぶん　등분
- 同等どうとう　동등
- 等ひとしい　동등하다

특 平等びょうどう　평등

筒

음 : トウ　　훈 : つつ

- 封筒ふうとう　봉투
- 水筒すいとう　수통, 물통
- 筒つつ　통, 속이 비고 긴 관

統

음 : トウ　　훈 : すべる

- 統一とういつ　통일
- 伝統でんとう　전통
- 統すべる　총괄하다, 통합하다

童

음 : ドウ　　훈 : わらべ

- 童話どうわ　동화
- 児童じどう　아동
- ●● 童わらべ　어린이, 동자
- ●● 童歌わらべうた　어린이 노래, 전래 동요

道

음 : ドウ　トウ　　훈 : みち

道具どうぐ 도구
道路どうろ 도로
- 報道ほうどう 보도
- 神道しんとう 일본 민족 고유의 전통적인 신앙

道みち 길, 도로
- 近道ちかみち 지름길

鈍

음 : ドン　　훈 : にぶい　にぶる

- 鈍感どんかん 둔감
- 愚鈍ぐどん 우둔(어리석고 둔함)
- 鈍にぶい 둔하다
- 鈍にぶる 둔해지다

廃

음 : ハイ　　훈 : すたれる　すたる

- 廃止はいし 폐지
- 荒廃こうはい 황폐
- 廃すたれる 쇠퇴하다, 쓰이지 않게 되다
- 廃すたる 쇠퇴하다, 깎이다

媒

음 : バイ　　훈 : –

- 媒介ばいかい 매개, 중개
- 触媒しょくばい 촉매

買

음 : バイ　　훈 : かう

- 買収ばいしゅう 매수
- 売買ばいばい 매매

買かう 사다, 높이 평가하다
買かい物もの 물건을 삼, 쇼핑

博

음 : ハク バク　　훈 : –

- 博識はくしき 박식
- 博覧会はくらんかい 박람회

博物館はくぶつかん 박물관

- 博徒ばくと 노름꾼

특 博士はかせ 박사

斑

음 : ハン　　훈 : –

- 斑点はんてん 반점, 얼룩점

飯

음 : ハン　　훈 : めし

ご飯はん 밥

飯めし 밥

- 炊飯すいはん 밥을 지음

晩

음 : バン　　훈 : –

晩ばんご飯はん 저녁 식사

今晩こんばん 오늘 밤

番

음 : バン　　훈 : –

番組ばんぐみ TV 프로그램

- 順番じゅんばん 순번, 차례

番号ばんごう 번호

～番目ばんめ ～번째

蛮

음 : バン

훈 : –

- 蛮行ばんこう 만행
- 野蛮やばん 야만

悲

음 : ヒ

훈 : かなしい　かなしむ

- 悲劇ひげき 비극
- 慈悲じひ 자비

悲かなしい 슬프다

悲かなしむ 슬퍼하다

扉

음 : ヒ

훈 : とびら

- 開扉かいひ 문짝을 엶
- 扉とびら 문짝

費

음 : ヒ

훈 : ついやす　ついえる

費用ひよう 비용

- 消費しょうひ 소비
- 費ついやす 쓰다, 낭비하다
- 費ついえる 적어지다, 허비되다

備

음 : ビ

훈 : そなえる　そなわる

- 備考びこう 비고

準備じゅんび 준비

- 備そなえる 준비하다
- 備そなわる 갖춰지다

筆

음 : ヒツ　　훈 : ふで

- 筆力ひつりょく　필력(글을 쓰는 능력), 문장의 힘
- 筆記ひっき　필기
- 筆ふで　붓

評

음 : ヒョウ　　훈 : –

- 評価ひょうか　평가
- 評判ひょうばん　평판(세상 사람들의 비평)

富

음 : フ　フウ　　훈 : とむ　とみ

- 富強ふきょう　부강
- 貧富ひんぷ　빈부
- 富貴ふうき, ふっき　부귀
- 富とむ　풍부하다, 재산이 많다
- 富とみ　부, 재산

普

음 : フ　　훈 : –

- 普通ふつう　보통
- 普遍ふへん　보편, 일반

幅

음 : フク　　훈 : はば

- 全幅ぜんぷく　전폭(일정한 범위 전체)
- 幅はば　폭, 너비
- 大幅おおはばに　대폭으로
- 横幅よこはば　가로 너비

復

음 : フク　　훈 : –

復習ふくしゅう 복습
- 往復おうふく 왕복

특 復活ふっかつ 부활

雰

음 : フン　　훈 : –

- 雰囲気ふんいき 분위기

塀

음 : ヘイ　　훈 : –

- 塀へい 담
- 板塀いたべい 널판장

遍

음 : ヘン　　훈 : –

- 遍歴へんれき 편력
- 普遍ふへん 보편

補

음 : ホ　　훈 : おぎなう

- 補充ほじゅう 보충
- 補おぎなう 보충하다
- 候補者こうほしゃ 후보자

募

음 : ボ　　훈 : つのる

- 募集ぼしゅう 모집
- 募つのる 모집하다, 모으다
- 応募おうぼ 응모

報

음 : ホウ　　훈 : むくいる

報告ほうこく　보고

情報じょうほう　정보

- 報酬ほうしゅう　보수, 보상
- 報むくいる　보답하다, 보복하다

傍

음 : ボウ　　훈 : かたわら

- 傍聴ぼうちょう　방청
- 傍かたわら　곁, 옆
- 路傍ろぼう　길가

帽

음 : ボウ　　훈 : –

帽子ぼうし　모자

- 脱帽だつぼう　탈모(모자를 벗음)

棒

음 : ボウ　　훈 : –

- 棒ぼうグラフ　막대 그래프
- 鉄棒てつぼう　철봉

貿

음 : ボウ　　훈 : –

貿易ぼうえき　무역

満

음 : マン　　훈 : みちる　みたす

満足まんぞく　만족

- 満みちる　차다, 충족되다
- 充満じゅうまん　충만, 가득함
- 満みたす　채우다

無

음 : ム　ブ　　훈 : なくなる　なくす

- 無理むり　무리
- 皆無かいむ　전혀 없음, 전무
- 無事ぶじ　무사함, 무난함
- 無礼ぶれい　무례
- 無なくなる　없어지다
- 無なくす　없애다

喩

음 : ユ　　훈 : –

- 比喩ひゆ　비유
- 訓諭くんゆ　훈유(가르쳐 타이름)

愉

음 : ユ　　훈 : –

- 愉快ゆかい　유쾌
- 愉悦ゆえつ　유열(유쾌하고 기쁨)

湧

음 : ユウ　　훈 : わく

- 湧出ゆうしゅつ　용출(솟아 나옴)
- 湧わく　솟다, 들끓다

猶

음 : ユウ　　훈 : –

- 猶予ゆうよ　유예(정해진 날짜나 시간을 미룸)

裕

음 : ユウ　　훈 : –

- 裕福ゆうふく　유복(살림이 넉넉함)
- 余裕よゆう　여유

遊

음 : ユウ　ユ　　훈 : あそぶ

- 遊戯ゆうぎ　유희
- 交遊こうゆう　교유(서로 사귀며 놂)
- 遊山ゆさん　산으로 놀러 다님
- 遊あそぶ　놀다

雄

음 : ユウ　　훈 : お　おす

- 雄大ゆうだい　웅대
- 英雄えいゆう　영웅
- 雄牛おうし　황소
- 雄おす　수컷

揚

음 : ヨウ　　훈 : あがる　あげる

- 掲揚けいよう　게양
- 意気揚々いきようよう　의기양양
- 揚あがる　높이 걸리다, 유명해지다, 튀겨지다
- 揚あげる　높이 올리다, 튀기다

揺

음 : ヨウ　　훈 : ゆれる　ゆする

- 揺籃ようらん　요람
- 動揺どうよう　동요
- 揺ゆれる　흔들리다
- 揺ゆする　흔들다

葉

음 : ヨウ　　훈 : は

- 葉緑素ようりょくそ　엽록소
- 紅葉こうよう　단풍, 단풍이 듦
- = 紅葉もみじ　단풍
- 葉は　잎, 잎사귀
- 枯かれ葉は　고엽, 마른 잎
- 落おち葉ば　낙엽

陽

음 : ヨウ　　훈 : –

- 太陽たいよう 태양
- 陰陽いんよう 음양(음과 양)

絡

음 : ラク　　훈 : からむ　からまる

- 連絡れんらく 연락
- 脈絡みゃくらく 맥락
- 絡からむ 얽히다, 얽매이다
- 絡からまる 얽히다, 휘감기다

落

음 : ラク　　훈 : おちる　おとす

- 落語らくご 만담
- 集落しゅうらく 취락
- 落おちる 떨어지다
- 落おち着つく 자리 잡다, 진정되다, 차분하다
- 落おとす 떨어뜨리다, 잃어버리다

痢

음 : リ　　훈 : –

- 下痢げり 설사

硫

음 : リュウ　　훈 : –

- 硫酸りゅうさん 황산

특 硫黄いおう 유황

量

음 : リョウ　　훈 : はかる

- 量りょう　양
- 重量じゅうりょう　중량(무게)
- 量はかる　(무게를) 달다

塁

음 : ルイ　　훈 : –

- 塁審るいしん　〔야구〕 누심
- 土塁どるい　토루(흙으로 쌓아 올린 성채)

裂

음 : レツ　　훈 : さける　さく

- 破裂はれつ　파열
- 分裂ぶんれつ　분열
- 裂さける　찢어지다
- 裂さく　찢다

廊

음 : ロウ　　훈 : –

- 廊下ろうか　복도
- 画廊がろう　화랑, 갤러리

惑

음 : ワク　　훈 : まどう

- 迷惑めいわく　귀찮음, 폐
- 誘惑ゆうわく　유혹
- 惑まどう　망설이다, 혹하다

湾

음 : ワン　　　훈 : –

- 湾内わんない 만내(만의 안쪽)
- 港湾こうわん 항만

腕

음 : ワン　　　훈 : うで

- 腕力わんりょく 완력(팔의 힘)
- 敏腕びんわん 민완(일을 재치 있고 빠르게 처리하는 솜씨)
- 腕うで 팔, 솜씨
- 腕前うでまえ 솜씨, 역량

13획 한자

愛

음 : アイ　　　훈 : –

愛情あいじょう 애정

恋愛れんあい 연애

暗

음 : アン　　　훈 : くらい

- 暗示あんじ 암시
- 明暗めいあん 명암

暗くらい 어둡다

意

음 : イ　　　훈 : –

意見いけん 의견

決意けつい 결의

違

음 : イ　　훈 : ちがう　ちがえる

- 違反いはん　위반
- 相違そうい　서로 다름
  違ちがう　다르다
  間違まちがう　틀리다
  間違まちがえる　잘못하다, 착각하다

園

음 : エン　　훈 : その

- 園芸えんげい　원예
  公園こうえん　공원
- 花園はなぞの　화원

煙

음 : エン　　훈 : けむる　けむり　けむい

- 煙突えんとつ　굴뚝
  禁煙きんえん　금연
- 喫煙きつえん　끽연, 흡연
- 煙けむる　연기가 나다
- 煙けむり　연기
- 煙けむい　냅다(연기로 인해 눈이나 목이 쓰라림)

猿

음 : エン　　훈 : さる

- 類人猿るいじんえん　유인원
- 猿さる　원숭이

遠

음 : エン　オン　　훈 : とおい

- 遠近えんきん 원근(멀고 가까움)
  遠足えんそく 소풍
- 永遠えいえん 영원
- ●● 久遠くおん 구원
  遠とおい 멀다

鉛

음 : エン　　훈 : なまり

鉛筆えんぴつ 연필
- 亜鉛あえん 아연
- ●● 鉛なまり 납

塩

음 : エン　　훈 : しお

- 塩分えんぶん 염분
- 食塩しょくえん 식염

塩しお 소금

嫁

음 : カ　　훈 : よめ　とつぐ

- 再嫁さいか 재혼
- 転嫁てんか 전가(잘못이나 책임을 다른 사람에게 넘김)
- 嫁よめ 며느리, 신부
- 花嫁はなよめ 신부
- 嫁とつぐ 시집가다

暇

음 : カ　　훈 : ひま

- 休暇きゅうか 휴가
- 余暇よか 여가
- 暇ひま 한가함

禍

음 : カ　　훈 : –

- 禍福かふく 불행과 행복
- 災禍さいか 재해, 재앙

靴

음 : カ　　훈 : くつ

- 製靴せいか 제화(구두를 만듦)
- 靴くつ 구두

解

음 : カイ　ゲ　　훈 : とく　とかす　とける

- 解決かいけつ 해결
- 解釈かいしゃく 해석
- 理解りかい 이해
- ●● 解脱げだつ 해탈
- ●● 解熱剤げねつざい 해열제
- 解とく 풀다
- 解とかす (머리를) 빗다
- 解とける 풀리다

較

음 : カク　　훈 : –

- 比較ひかく 비교

隔

음 : カク　　훈 : へだたる　へだてる

- 隔離かくり 격리
- 間隔かんかく 간격
- 隔へだたる 사이가 떨어지다
- 隔へだてる 사이에 두다, 갈라놓다

楽

음 : ガク　ラク　　훈 : たのしい　たのしむ

- 楽器がっき　악기
- 音楽おんがく　음악
- ● 楽らくだ　편안하다
- ● 楽園らくえん　낙원
- ● 娯楽ごらく　오락
- 楽たのしい　즐겁다
- 楽たのしむ　즐기다
- 楽たのしみ　즐거움, 기대

특 神楽かぐら　신에게 제사지낼 때 연주하는 일본 고유의 무악

滑

음 : カツ　　훈 : すべる　なめらか

- ● 滑走かっそう　활주
- ● 円滑えんかつ　원활
- ● 滑すべる　미끄러지다
- ● 滑なめらかだ　매끄럽다

勧

음 : カン　　훈 : すすめる

- ● 勧誘かんゆう　권유
- ● 勧告かんこく　권고
- 勧すすめる　권유하다

幹

음 : カン　　훈 : みき

- ● 幹事かんじ　간사
- 新幹線しんかんせん　신칸센
- ● 幹みき　나무 줄기

感

음 : カン　　훈 : かんじる

- ● 感心かんしん　감탄
- ● 感覚かんかく　감각
- 感かんじる　느끼다

漢

음 : カン　　훈 : -

- 漢字かんじ 한자
- 門外漢もんがいかん 문외한

頑

음 : ガン　　훈 : -

- 頑固がんこ 완고
- 頑強がんきょう 완강

棄

음 : キ　　훈 : -

- 棄権きけん 기권
- 放棄ほうき 포기

義

음 : ギ　　훈 : -

- 義理ぎり 의리
- 意義いぎ 의의, 뜻

詰

음 : キツ　　훈 : つまる　つめる　つむ

- 詰問きつもん 트집 잡아 물음
- 難詰なんきつ 트집 잡아 따짐
- 詰っまる 가득 차다
- 詰っめる 채우다
- 詰っむ 막히다

嗅

음 : キュウ　　훈 : かぐ

- 嗅覚きゅうかく 후각
- 嗅かぐ 냄새 맡다

業

음 : ギョウ　ゴウ　　훈 : わざ

- 業績ぎょうせき　업적
  卒業そつぎょう　졸업
- 業病ごうびょう　업병(전생의 악업으로 걸린다는 난치병)
- 自業自得じごうじとく　자업자득(자기가 저지른 일의 결과를 자신이 받음)
- 業わざ　짓, 행위
- 仕業しわざ　소행, 짓

僅

음 : キン　　훈 : わずか

- 僅少きんしょう　근소, 약간
- 僅わずか　얼마 안 되는 모양, 조금, 불과

禁

음 : キン　　훈 : –

禁止きんし　금지

- 厳禁げんきん　엄금

愚

음 : グ　　훈 : おろか

- 愚問ぐもん　우문, 어리석은 질문
- 暗愚あんぐ　어리석음
- 愚おろかだ　아둔하다, 어리석다

窟

음 : クツ　　훈 : –

- 洞窟どうくつ　동굴
- 貧民窟ひんみんくつ　빈민굴

群

음 : グン　　훈 : むれる　むら

- 群居ぐんきょ　군거(무리지어 생활함)
- 抜群ばつぐん　발군, 뛰어남
- 群むれる　군집하다, 떼를 짓다
- 群むらがる　떼 지어 모이다

傾

음 : ケイ　　훈 : かたむく　かたむける

- 傾斜けいしゃ　경사
- 傾向けいこう　경향
- 傾かたむく　기울다, 비스듬해지다
- 傾かたむける　기울이다, 기울게 하다

携

음 : ケイ　　훈 : たずさわる　たずさえる

- 携帯けいたい　휴대
- 提携ていけい　제휴
- 携たずさわる　(어떤 일에) 종사하다, 관계하다
- 携たずさえる　휴대하다, 거느리다

継

음 : ケイ　　훈 : つぐ

- 継続けいぞく　계속
- 中継ちゅうけい　중계
- 継つぐ　잇다, 계승하다

詣

음 : ケイ　　훈 : もうでる

- 参詣さんけい 참예(신불을 참배함)
- 初詣はつもうで 정월의 첫 참배

隙

음 : ゲキ　　훈 : すき

- 間隙かんげき 간극, 간격, 틈
- 隙すき 빈틈, 짬

傑

음 : ケツ　　훈 : -

- 傑作けっさく 걸작
- 豪傑ごうけつ 호걸

嫌

음 : ケン　ゲン　　훈 : きらう　いや

- 嫌悪けんお 혐오
- 嫌疑けんぎ 혐의
- 機嫌きげん 기분
- 嫌きらう 싫어하다, 미워하다
- 嫌いやだ 싫다
- 嫌いやがる 싫어하다

献

음 : ケン　コン　　훈 : -

- 献身的けんしんてき 헌신적
- 文献ぶんけん 문헌
- 献立こんだて 식단, 메뉴

絹

음 : ケン　　훈 : きぬ

- 絹布けんぷ　견직물, 비단, 명주
- 人絹じんけん　인조견(사람이 만든 명주실로 짠 비단)
- 絹きぬ　명주실(누에고치에서 뽑아낸 실)

遣

음 : ケン　　훈 : つかう　つかわす

- 遣外けんがい　외국에 파견함
- 派遣はけん　파견
- 遣つかう　쓰다, 사용하다
- 遣つかわす　보내다, 파견하다

源

음 : ゲン　　훈 : みなもと

- 源泉げんせん　원천(사물의 근원)
- 資源しげん　자원
- 源みなもと　근원, 수원

誇

음 : コ　　훈 : ほこる

- 誇張こちょう　과장
- 誇示こじ　과시
- 誇ほこる　자랑하다

鼓

음 : コ　　훈 : つづみ

- 鼓動こどう　고동, 심장의 운동
- 太鼓たいこ　북
- 鼓つづみ　장구, 북
- 小鼓しょうこ, こつづみ　소고, 작은북

碁

음 : ゴ　　　훈 : -

- 碁盤ごばん 바둑판
- 囲碁いご 바둑

溝

음 : コウ　　　훈 : みぞ

- 下水溝げすいこう 하수구, 하수도
- 排水溝はいすいこう 배수구
- 溝みぞ 도랑, 좁고 긴 홈

鉱

음 : コウ　　　훈 : -

- 鉱物こうぶつ 광물
- 鉄鉱てっこう 철광

債

음 : サイ　　　훈 : -

- 債務さいむ 채무
- 負債ふさい 부채

催

음 : サイ　　　훈 : もよおす

- 催眠さいみん 최면
- 開催かいさい 개최
- 催もよおす 개최하다

塞

음 : サイ　ソク　　　훈 : ふさぐ　ふさがる

- 塞翁さいおうが馬うま 새옹지마 (인생은 변화가 많아서 좋은 일과 나쁜 일을 예측하기 어렵다는 말)
- 閉塞へいそく 폐색(닫아서 막음)
- 塞ふさぐ 막다
- 塞ふさがる 막히다

歳

음 : サイ　セイ　　훈 : –

- 歳末さいまつ　세말, 연말
- 歳月さいげつ　세월
- 歳暮せいぼ　세모, 연말

특 二十歳はたち　스무 살

載

음 : サイ　　훈 : のる　のせる

- 積載せきさい　적재
- 掲載けいさい　게재
- 載のる　위에 놓이다, 실리다
- 載のせる　위에 놓다, 싣다

罪

음 : ザイ　　훈 : つみ

- 犯罪はんざい　범죄
- 謝罪しゃざい　사죄
- 罪つみ　죄

搾

음 : サク　　훈 : しぼる

- 搾取さくしゅ　착취
- 圧搾あっさく　압착(눌러서 짜냄)
- 搾しぼる　짜다

試

음 : シ　　훈 : こころみる　ためす

試合しあい　시합

試験しけん　시험

- 追試ついし　추가 시험
- 試こころみる　시도해 보다
- 試ためす　시험해 보다

詩

음 : シ　　훈 : –

詩人しじん 시인

● 詩歌しか, しいか 시가, 한시

資

음 : シ　　훈 : –

資格しかく 자격

資源しげん 자원

● 物資ぶっし 물자

飼

음 : シ　　훈 : かう

● 飼育しいく 사육

● 飼料しりょう 사료

飼かう 기르다, 사육하다

慈

음 : ジ　　훈 : いつくしむ

● 慈愛じあい 자애

● 慈善じぜん 자선

●● 慈いつくしむ 귀여워하다, 애지중지하다

辞

음 : ジ　　훈 : やめる

辞書じしょ 사전

● 辞職じしょく 사직

● 辞やめる 사직하다, 그만두다

嫉

음 : シツ　　훈 : –

- 嫉妬しっと　질투

腫

음 : シュ　　훈 : はれる　はらす

- 浮腫ふしゅ　부종(몸이 붓는 병)
- 腫はれる　붓다
- 腫はらす　붓게 하다

愁

음 : シュウ　　훈 : うれえる　うれい

- 愁傷しゅうしょう　수상(애통함, 슬퍼함)
- 哀愁あいしゅう　애수
- 愁うれえる　슬퍼하다, 우려하다
- 愁うれい　불안, 걱정, 우려

酬

음 : シュウ　　훈 : –

- 報酬ほうしゅう　보수, 보답
- 応酬おうしゅう　응수, 주고받음, 대답

準

음 : ジュン　　훈 : –

- 準備じゅんび　준비
- 標準ひょうじゅん　표준

署

음 : ショ　　훈 : -

- 署名しょめい 서명
- 警察署けいさつしょ 경찰서

傷

음 : ショウ　　훈 : きず　いたむ　いためる

- 傷害しょうがい 상해
- 負傷ふしょう 부상
- 傷きず 상처
- 傷きずつく 다치다, 상처를 입다
- 傷いたむ 아프다
- 傷いためる 아프게 하다

奨

음 : ショウ　　훈 : -

- 奨励しょうれい 장려
- 奨学金しょうがくきん 장학금

照

음 : ショウ　　훈 : てる　てらす　てれる

- 照明しょうめい 조명
- 対照的たいしょうてき 대조적
- 照てる 밝게 빛나다
- 日照ひでり 햇볕이 내리쬠
- 照てらす 비추다
- 照てれる 쑥스러워하다

詳

음 : ショウ　　훈 : くわしい

- 詳細しょうさい 상세함
- 未詳みしょう 미상(알 수 없음)
- 詳くわしい 상세하다, 자세하다

蒸

음 : ジョウ　　훈 : むす　むれる　むらす

- 蒸気じょうき　증기
- 蒸発じょうはつ　증발
- 蒸むす　찌다
- 蒸むし暑あつい　무덥다
- 蒸むれる　뜸이 들다
- 蒸むらす　뜸을 들이다

飾

음 : ショク　　훈 : かざる

- 装飾そうしょく　장식, 꾸밈
- 修飾しゅうしょく　수식(겉모양을 꾸밈)
- 飾かざる　치장하다, 꾸미다

触

음 : ショク　　훈 : さわる　ふれる

- 触媒しょくばい　촉매
- 接触せっしょく　접촉
- 触さわる　손을 대다
- 触ふれる　닿다, 스치다, 언급하다

寝

음 : シン　　훈 : ねる　ねかす

- 寝室しんしつ　침실
- 就寝しゅうしん　취침
- 寝ねる　잠자다
- 昼寝ひるね　낮잠
- 寝ねかす　재우다

慎

음 : シン　　훈 : つつしむ

- 慎重しんちょう 신중
- 謹慎きんしん 근신
- 慎つつしむ 삼가다

新

음 : シン ニイ　　훈 : あたらしい あらた

- 新規しんき 신규
  新幹線しんかんせん 신칸센
  新聞しんぶん 신문
- 更新こうしん 갱신
- ●● 新妻にいづま 새 신부, 새댁
  新あたらしい 새롭다
- 新あらたな 새로운

腎

음 : ジン　　훈 : –

- 腎臓じんぞう 신장, 콩팥
- 肝腎かんじん 긴요(매우 중요함)

睡

음 : スイ　　훈 : –

- 睡眠すいみん 수면, 잠
- 熟睡じゅくすい 숙면

数

음 : スウ ス　　훈 : かず かぞえる

数学すうがく 수학
数字すうじ 숫자
年数ねんすう 연수, 햇수
- 人数にんずう 인수, 인원수
- ●● 数奇屋すきや 다도(茶道)를 위해 지은 작은 별채, 다실
  数かず 수
  数かぞえる 세다, 헤아리다

특 数珠じゅず 염주

裾

음 : –　　훈 : すそ

- 裾すそ 옷자락, 맨 아래
- 山やまの裾すそ 산기슭

勢

음 : セイ　　훈 : いきおい

- 勢力せいりょく 세력
- 情勢じょうせい 정세, 형세
- 勢いきおい 힘, 기운, 세력

聖

음 : セイ　　훈 : –

- 聖書せいしょ 성서, 성경
- 神聖しんせい 신성

誠

음 : セイ　　훈 : まこと

- 誠実せいじつ 성실
- 誠意せいい 성의
- 誠まことに 정말로, 매우

跡

음 : セキ　　훈 : あと

- 追跡ついせき 추적
- 遺跡いせき 유적
- 跡あと 자국, 흔적
- 足跡あしあと 발자국

摂

음 : セツ　　훈 : –

- 摂取せっしゅ 섭취

節

음 : セツ　セチ　　훈 : ふし

- 節約せつやく　절약
  季節きせつ　계절
- 関節かんせつ　관절, 뼈마디
- お節せち料理りょうり　일본에서 새해에 먹는 요리
- 節ふし　마디

戦

음 : セン　　훈 : いくさ　たたかう

- 戦争せんそう　전쟁
- 苦戦くせん　고전(힘들게 싸움)
- 戦いくさ　싸움, 전쟁
- 戦たたかう　싸우다

煎

음 : セン　　훈 : いる

- 二番煎にばんせんじ　재탕한 약, 앞의 것을 되풀이 함
- 煎いる　볶다, 지지다

羨

음 : セン　　훈 : うらやましい　うらやむ

- 羨望せんぼう　선망
- 羨うらやましい　부럽다
- 羨うらやむ　부러워하다

詮

음 : セン　　훈 : -

- 所詮しょせん　마침내, 결국

践

음 : セン　　훈 : –

- 実践じっせん 실천

禅

음 : ゼン　　훈 : –

- 禅寺ぜんでら 선사, 선원
- 座禅ざぜん 좌선(고요히 앉아서 참선함)

僧

음 : ソウ　　훈 : –

- 高僧こうそう 고승(덕이 높은 승려)
- 尼僧にそう 여승, 비구니

想

음 : ソウ ソ　　훈 : –

- 想像そうぞう 상상
- 感想かんそう 감상, 소감
- 愛想あいそ 붙임성, 상냥함

賊

음 : ゾク　　훈 : –

- 賊軍ぞくぐん 적군
- 盗賊とうぞく 도적, 도둑

続

음 : ゾク　　훈 : つづく　つづける

- 続出ぞくしゅつ　속출(잇따라 나옴)
- 続行ぞっこう　속행
- 連続れんぞく　연속

続つづく　이어지다

続つづける　계속하다, 잇다

損

음 : ソン　　훈 : そこなう　そこねる

損そん　손해
- 損失そんしつ　손실
- 破損はそん　파손
- 損そこなう　파손하다, 부수다
- 見損みそこなう　잘못 보다, 오인하다
- 損そこねる　해치다, 상하게 하다

滞

음 : タイ　　훈 : とどこおる

- 滞在たいざい　체재, 체류
- 沈滞ちんたい　침체
- 滞とどこおる　밀리다, 막히다

滝

음 : -　　훈 : たき

- 滝たき　폭포

嘆

음 : タン　　훈 : なげく　なげかわしい

- 嘆息たんそく　탄식
- 驚嘆きょうたん　경탄(몹시 놀라며 감탄함)
- 嘆なげく　한탄하다
- 嘆なげかわしい　한탄스럽다

暖

음 : ダン

훈 : あたたかい　あたたまる　あたためる

- 暖房だんぼう　난방
- 温暖おんだん　온난

暖あたたかい　따뜻하다

暖あたたまる　따뜻해지다

暖あたためる　따뜻하게 하다

痴

음 : チ

훈 : –

- 痴情ちじょう　치정(이성을 넘은 남녀 간의 애정)
- 愚痴ぐち　푸념, 어리석고 못남

稚

음 : チ

훈 : –

- 稚魚ちぎょ　치어(어린 물고기)
- 稚児ちご　젖먹이, 유아
- 幼稚園ようちえん　유치원

置

음 : チ

훈 : おく

位置いち　위치

- 処置しょち　처치, 조치

置おく　두다, 놓다

蓄

음 : チク

훈 : たくわえる

- 蓄積ちくせき　축적
- 貯蓄ちょちく　저축
- 蓄たくわえる　모아 두다, 비축하다

腸

음 : チョウ　　훈 : –

- 腸炎ちょうえん 장염
- 胃腸いちょう 위장

跳

음 : チョウ　　훈 : はねる　とぶ

- 跳躍ちょうやく 도약
- 跳とぶ 뛰다, 도약하다
- 跳はねる 뛰다, 뛰어오르다
- 縄跳なわとび 줄넘기

賃

음 : チン　　훈 : –

- 賃金ちんぎん 임금, 보수
- 運賃うんちん 운임, 삯
- 賃上ちんあげ 임금 인상

艇

음 : テイ　　훈 : –

- 艦艇かんてい 함정(크거나 작은 군사용 배)
- 競艇きょうてい 경정(모터보트 경주), 조정

溺

음 : デキ　　훈 : おぼれる

- 溺死できし 익사(물에 빠져 죽음)
- 溺おぼれる 물에 빠지다

鉄

음 : テツ　　훈 : -

- 鉄道てつどう 철도
- 鉄筋てっきん 철근
- 鋼鉄こうてつ 강철

殿

음 : デン　テン　　훈 : との　どの

- 殿堂でんどう 전당
- 宮殿きゅうでん 궁전, 대궐
- 御殿ごてん 저택, 귀인의 저택을 높여 부르는 말
- 殿様とのさま 영주, 귀인에 대한 존칭
- ○○殿どの ○○ 님, ○○ 귀하

電

음 : デン　　훈 : -

- 電気でんき 전기
- 電車でんしゃ 전철
- 電話でんわ 전화
- 電報でんぽう 전보
- 発電はつでん 발전

塗

음 : ト　　훈 : ぬる

- 塗布とふ 도포(약 등을 겉에 바름)
- 塗装とそう 도장, 칠을 함
- 塗ぬる 바르다, 칠하다

働

음 : ドウ　　훈 : はたらく

労働ろうどう 노동

働はたらく 일을 하다

督

음 : トク　　훈 : –

- 督促とくそく 독촉, 재촉
- 監督かんとく 감독

頓

음 : トン　　훈 : –

- 整頓せいとん 정돈(가지런히 바로잡음)

農

음 : ノウ　　훈 : –

農業のうぎょう 농업

農場のうじょう 농장

漠

음 : バク　　훈 : –

- 漠然ばくぜん 막연
- 砂漠さばく 사막

鉢

음 : ハチ　ハツ　　훈 : –

- 鉢はち 사발, 그릇
- 植木鉢うえきばち 화분
- 衣鉢いはつ 〔불교〕 의발, 스승이 전하는 불교의 오의(奧義)

搬

음 : ハン　　훈 : –

- 搬出はんしゅつ　반출
- 運搬うんぱん　운반

煩

음 : ハン　ボン　　훈 : わずらう　わずらわす

- 煩雑はんざつ　번잡
- 煩悩ぼんのう　번뇌
- 煩わずらう　고민하다, 걱정하다
- 煩わずらわす　괴롭히다, 수고를 끼치다

微

음 : ビ　　훈 : –

- 微細びさい　미세
- 微笑びしょう　미소

福

음 : フク　　훈 : –

- 福祉ふくし　복지
- 幸福こうふく　행복

腹

음 : フク　　훈 : はら

- 腹痛ふくつう　복통
- 満腹まんぷく　배가 부름
- 腹はら　배

墓

음 : ボ　　훈 : はか

- 墓地ぼち　묘지
- 墓穴ぼけつ　묘혈, 무덤
- 墓はか　묘, 무덤
- 墓参はかまいり　성묘

蜂

음 : ホウ　　훈 : はち

- 養蜂ようほう　양봉(꿀벌을 길러 꿀을 채취함)
- 蜂はち　벌

豊

음 : ホウ　　훈 : ゆたか

- 豊作ほうさく　풍작
- 豊富ほうふ　풍부
- 豊ゆたかだ　풍부하다, 풍족하다

飽

음 : ホウ　　훈 : あきる　あかす

- 飽和ほうわ　포화
- 飽食ほうしょく　포식
- 飽あきる　싫증나다, 물리다
- 飽あかす　싫증나게 하다

睦

음 : ボク　　훈 : –

- 親睦しんぼく　친목
- 和睦わぼく　화목

幕

음 : マク　バク　　훈 : –

- 幕切まくぎれ （일의）끝, 연극에서 한 막이 끝남
- 幕府ばくふ 막부(쇼군을 중심으로 한 일본의 무사 정권)

夢

음 : ム　　훈 : ゆめ

- 夢中むちゅう 열중함, 꿈속
- 夢ゆめ 꿈
- 悪夢あくむ 악몽

盟

음 : メイ　　훈 : –

- 同盟どうめい 동맹
- 連盟れんめい 연맹

滅

음 : メツ　　훈 : ほろびる　ほろぼす

- 滅亡めつぼう 멸망
- 滅ほろびる 멸망하다
- 消滅しょうめつ 소멸
- 滅ほろぼす 멸망시키다

誉

음 : ヨ　　훈 : ほまれ

- 名誉めいよ 명예
- 誉ほまれ 명예, 자랑거리
- 栄誉えいよ 영예(영광스러운 명예)

預

음 : ヨ　　훈 : あずかる　あずける

- 預金よきん　예금
- 預あずかる　맡다, 보관하다
- 預あずける　맡기다

溶

음 : ヨウ　　훈 : とく　とける　とかす

- 溶解ようかい　용해
- 溶液ようえき　용액
- 溶とく　(액체 등에) 풀다, 개다
- 溶とける　녹다
- 溶とかす　녹이다

腰

음 : ヨウ　　훈 : こし

- 腰痛ようつう　요통
- 腰部ようぶ　허리 부분
- 腰こし　허리

裸

음 : ラ　　훈 : はだか

- 裸体らたい　나체, 알몸
- 赤裸々せきらら　적나라(있는 그대로 다 드러내다)
- 裸はだか　알몸, 맨몸

雷

음 : ライ　　훈 : かみなり

- 雷雨らいう　뇌우(천둥 치며 내리는 비)
- 魚雷ぎょらい　어뢰
- 雷かみなり　천둥

酪

음 : ラク　　훈 : –

- 酪農らくのう　낙농

裏

음 : リ　　훈 : うら

- 裏面りめん　이면
- 裏うら　뒤, 속
- 脳裏のうり　뇌리

慄

음 : リツ　　훈 : –

- 戦慄せんりつ　전율(무섭거나 감동을 느껴 몸이 떨림)

虜

음 : リョ　　훈 : –

- 虜囚りょしゅう　포로
- 捕虜ほりょ　포로

鈴

음 : レイ　　훈 : すず

- 予鈴よれい　예비 종
- 鈴すず　방울
- 電鈴でんれい　벨(bell)

특 風鈴ふうりん　풍경(처마 끝에 다는 작은 종)

零

음 : レイ　　훈 : –

- 零下れいか 영하
- 零点れいてん 영점

廉

음 : レン　　훈 : –

- 清廉せいれん 청렴
- 破廉恥はれんち 파렴치

賂

음 : ロ　　훈 : –

- 賄賂わいろ 뇌물

路

음 : ロ　　훈 : じ

- 路上ろじょう 노상, 길 위
  道路どうろ 도로
- 家路いえじ 귀로
- 旅路たびじ 여로, 여행길

楼

음 : ロウ　　훈 : –

- 楼閣ろうかく 누각
- 望楼ぼうろう 망루(적이나 주위를 살펴볼 수 있게 만든 다락집)

話

음 : ワ　　훈 : はなす　はなし

- 話題わだい　화제
  会話かいわ　회화
  話はなす　이야기하다
  話はなし　이야기, 말
  昔話むかしばなし　옛날이야기

賄

음 : ワイ　　훈 : まかなう

- 収賄しゅうわい　수회, 수뢰(뇌물을 받음)
- 贈賄ぞうわい　증회(뇌물을 줌)
- 賄まかなう　공급하다, 조달하다
- 賄まかない付つき　식사 제공

14획 한자

維

음 : イ　　훈 : -

- 維持いじ　유지
- 繊維せんい　섬유

隠

음 : イン　　훈 : かくれる　かくす

- 隠居いんきょ　은거, 은퇴한 노인
- 隠かくれる　숨다
- 隠かくす　숨기다

駅

음 : エキ　　훈 : –

駅えき 역
駅員えきいん 역무원
- 貨物駅かもつえき 화물역

演

음 : エン　　훈 : –

- 演奏えんそう 연주
- 講演こうえん 강연

歌

음 : カ　　훈 : うた　うたう

歌手かしゅ 가수
校歌こうか 교가
歌うた 노래
歌うたう 노래하다

概

음 : ガイ　　훈 : –

- 概念がいねん 개념
- 大概たいがい 대개

閣

음 : カク　　훈 : –

- 閣僚かくりょう 각료
- 内閣ないかく 내각

慣

음 : カン　　훈 : なれる　ならす

- 慣行かんこう　관행
- 習慣しゅうかん　습관
- 慣なれる　익숙하다
- 慣ならす　익숙하도록 하다

管

음 : カン　　훈 : くだ

- 管理かんり　관리
- 血管けっかん　혈관
- 管くだ　관

関

음 : カン　　훈 : かかわる　せき

- 関係かんけい　관계
- 関節かんせつ　관절
- 関かかわる　관계되다
- 関せき　관문

旗

음 : キ　　훈 : はた

- 旗手きしゅ　기수(기를 든 사람)
- 国旗こっき　국기
- 旗はた　기, 깃발

疑

음 : ギ　　훈 : うたがう

- 疑問ぎもん　의문
- 容疑ようぎ　용의, 혐의
- 疑うたがう　의심하다

漁

음 : ギョ　リョウ　　훈 : –

- 漁業ぎょぎょう 어업
- 漁船ぎょせん 어선, 고기잡이배
- 漁師りょうし 어부
- 大漁たいりょう 풍어, 만선, 물고기가 많이 잡힘

境

음 : キョウ　ケイ　　훈 : さかい

- 境界きょうかい 경계
- 逆境ぎゃっきょう 역경
- 境内けいだい 경내, 신사의 안
- 境さかい 경계, 갈림길

銀

음 : ギン　　훈 : –

- 銀行ぎんこう 은행
- 水銀すいぎん 수은(Hg)

駆

음 : ク　　훈 : かける　かる

- 駆使くし 구사(자유자재로 씀)
- 先駆者せんくしゃ 선구자
- 駆かける 달리다, 뛰어가다
- 駆かる 쫓다, 몰다

熊

음 : ユウ　　훈 : くま

- 熊胆ゆうたん 웅담(곰의 쓸개)
- 熊くま 〔동물〕 곰

語

음 : ゴ　　훈 : かたる　かたらう

- 語学ごがく　어학
- 国語こくご　국어
- 語かたる　말하다, 이야기하다
- 物語ものがたり　이야기, 전설
- 語かたらう　이야기를 주고받다

誤

음 : ゴ　　훈 : あやまる

- 誤解ごかい　오해
- 錯誤さくご　착오
- 誤あやまる　실수하다

構

음 : コウ　　훈 : かまえる　かまう

- 構造こうぞう　구조
- 結構けっこう　괜찮음, 충분함
- 構かまえる　차리다, 자세를 취하다
- 構かまわない　상관없다, 괜찮다

綱

음 : コウ　　훈 : つな

- 綱紀こうき　강기, 기강
- 大綱たいこう　대강, 줄거리
- 綱つな　밧줄
- 横綱よこづな　일본 씨름꾼 최고의 지위

豪

음 : ゴウ　　훈 : –

- 豪華ごうか 호화
- 文豪ぶんごう 문호(뛰어난 문학 작품을 많이 쓴 사람)

穀

음 : コク　　훈 : –

- 穀物こくもつ 곡물
- 雑穀ざっこく 잡곡

酷

음 : コク　　훈 : –

- 酷似こくじ 많이 닮음
- 残酷ざんこく 잔혹

獄

음 : ゴク　　훈 : –

- 獄舎ごくしゃ 감옥
- 地獄じごく 지옥

魂

음 : コン　　훈 : たましい

- 霊魂れいこん 영혼
- 魂たましい 넋, 혼
- 商魂しょうこん 상혼(이익을 얻으려는 상인의 정신)

際

음 : **サイ**　　훈 : **きわ**

交際こうさい 교제, 사귐
国際こくさい 국제
- **この際**さい 이 기회, 이때
- **際**きわ 옆, 가
- **際立**きわだ**つ** 두드러지다, 특출나다

察

음 : **サツ**　　훈 : –

- **察知**さっち 찰지(살펴서 앎), 헤아려서 앎
- **観察**かんさつ 관찰

雑

음 : **ザツ　ゾウ**　　훈 : –

- **雑音**ざつおん 잡음

雑誌ざっし 잡지
- **混雑**こんざつ 혼잡
- **雑木林**ぞうきばやし 잡목림

특 **雑魚**ざこ 잡어, 송사리

算

음 : **サン**　　훈 : –

- **算数**さんすう 산수

予算よさん 예산

酸

음 : **サン**　　훈 : **すい**

- **酸素**さんそ 산소
- **酸性**さんせい 산성
- **酸**す**い** 신맛이 있다

誌

음 : シ　　훈 : –

- 誌面しめん　지면
- 雑誌ざっし　잡지

雌

음 : シ　　훈 : め　めす

- 雌雄しゆう　자웅(암컷과 수컷)
- 雌伏しふく　자복(남의 밑에서 참고 기다림, 가만히 숨어 지냄)
- 雌牛めうし　암소
- 雌めす　암컷

磁

음 : ジ　　훈 : –

- 磁石じしゃく　자석
- 陶磁器とうじき　도자기

漆

음 : シツ　　훈 : うるし

- 漆器しっき　칠기
- 漆うるし　옻나무, 옻

遮

음 : シャ　　훈 : さえぎる

- 遮断しゃだん　차단
- 遮さえぎる　차단하다

種

음 : シュ　　훈 : たね

- 種類しゅるい　종류
- 品種ひんしゅ　품종
- 種たね　종자, 씨

需

음 : ジュ　　훈 : –

- 需要じゅよう 수요
- 必需品ひつじゅひん 필수품

銃

음 : ジュウ　　훈 : –

- 銃じゅう 총
- 銃弾じゅうだん 총탄, 총알

塾

음 : ジュク　　훈 : –

- 塾じゅく 학원
- 私塾しじゅく 사숙, 학원

緒

음 : ショ　チョ　　훈 : お

- 緒戦しょせん 최초의 전투(시합)
- 情緒じょうちょ, じょうしょ 정서
- 由緒ゆいしょ 유서, 유래, 내력
- 緒お 줄, 끈

彰

음 : ショウ　　훈 : –

- 表彰ひょうしょう 표창

障

음 : ショウ　　훈 : さわる

- 障害しょうがい 장애
- 故障こしょう 고장
- 障子しょうじ 장지(방과 방 사이에 칸을 막아 끼우는 문)
- 障さわる 방해가 되다

精

음 : セイ　ショウ　　훈 : –

- 精米せいまい 정미
- 精密せいみつ 정밀
- ●● 精進しょうじん 정진, 전념
- ●● 不精ぶしょう 부정(게으름 부림)

製

음 : セイ　　훈 : –

- 製造せいぞう 제조
- 製品せいひん 제품
- 鉄製てっせい 철제

誓

음 : セイ　　훈 : ちかう

- 誓約せいやく 서약
- 宣誓せんせい 선서
- 誓ちかう 맹세하다

静

음 : セイ　ジョウ　　훈 : しずか しずまる しずめる

- 静止せいし 정지
- 安静あんせい 안정
- 静脈じょうみゃく 정맥
- 静しずかだ 조용하다
- 静しずまる 조용해지다
- 静しずめる 가라앉히다, 진정시키다

説

음 : セツ　ゼイ　　　훈 : とく

- 説明せつめい 설명
- 説得せっとく 설득
- 小説しょうせつ 소설
- ● 演説えんぜつ 연설
- ●● 遊説ゆうぜい 유세
- ● 説とく 설명하다, 설득하다

箋

음 : セン　　　훈 : –

- ● 便箋びんせん 편지지
- ● 処方箋しょほうせん 처방전

銭

음 : セン　　　훈 : ぜに

- ● 銭湯せんとう 대중목욕탕
- ● 金銭きんせん 금전, 돈
- ● 銭ぜに 돈
- ● 小銭こぜに 잔돈

漸

음 : ゼン　　　훈 : –

- ● 漸次ぜんじ 점차, 차차
- ● 漸進的ぜんしんてき 점진적

遡

음 : ソ　　　훈 : さかのぼる

- ●● 遡及そきゅう 소급(과거에까지 거슬러 올라가 미치게 함)
- ● 遡さかのぼる 거슬러 올라가다

層

음 : ソウ　　훈 : –

- 層雲そううん　층운(낮게 층을 이루는 구름)
- 高層こうそう　고층

総

음 : ソウ　　훈 : –

- 総合そうごう　종합
- 総括そうかつ　총괄

遭

음 : ソウ　　훈 : あう

- 遭遇そうぐう　조우(우연히 서로 만남)
- 遭難そうなん　조난
- 遭あう　(어떤 일을) 당하다, 우연히 만나다

像

음 : ゾウ　　훈 : –

- 形像けいぞう　형상
- 肖像しょうぞう　초상
- 現像げんぞう　〔사진〕 현상
- 想像そうぞう　상상

増

음 : ゾウ　　훈 : ふえる　ふやす　ます

- 増加ぞうか　증가
- 急増きゅうぞう　급증

増ふえる　늘다

増ふやす　늘리다

- 増ます　늘다, 늘리다

憎

음 : ゾウ

훈 : にくむ にくい にくらしい にくしみ

- 憎悪ぞうお 증오
- 愛憎あいぞう 애증(사랑과 미움)
- 憎にくむ 미워하다, 싫어하다
- 憎にくい 밉다
- 憎にくらしい 얄밉다
- 憎にくしみ 미움, 증오

遜

음 : ソン

훈 : へりくだる

- 謙遜けんそん 겸손
- 遜へりくだる 자기를 낮추다

駄

음 : ダ

훈 : –

- 無駄むだ 쓸데없음

態

음 : タイ

훈 : –

- 態度たいど 태도
- 状態じょうたい 상태

奪

음 : ダツ

훈 : うばう

- 奪取だっしゅ 탈취(빼앗아 가짐)
- 争奪そうだつ 쟁탈
- 奪うばう 빼앗다

端

음 : タン

훈 : はし　は　はた

- 端正たんせい　단정
- 極端きょくたん　극단
- 端はし　끝, 가장자리
- 片端かたはし　한쪽 끝
- 中途半端ちゅうとはんぱ　어중간함
- 道端みちばた　길가, 도로변

徴

음 : チョウ

훈 : –

- 徴収ちょうしゅう　징수
- 特徴とくちょう　특징

漬

음 : –

훈 : つける　つかる

- 漬ける　담그다, 절이다
- 漬物つけもの　절인 것, 절인 저장 식품
- 漬かる　맛이 들다, 익다

摘

음 : テキ

훈 : つむ

- 摘発てきはつ　적발
- 指摘してき　지적
- 摘む　뜯다, 따다

滴

음 : テキ

훈 : しずく　したたる

- 水滴すいてき　물방울
- 点滴てんてき　낙숫물, (병원) 링거
- 滴しずく　물방울
- 滴る　방울져 떨어지다, 싱싱함이 넘쳐흐르다

適

음 : テキ　　훈 : -

適切てきせつ 적절
適当てきとう 적당
● 快適かいてき 쾌적

稲

음 : トウ　　훈 : いね いな

● 水稲すいとう 수도(논에 물을 대 심는 벼)
● 稲いね 벼
● 稲刈いねかり 벼 베기
●● 稲作いなさく 벼 농사
●● 稲穂いなほ 벼 이삭

銅

음 : ドウ　　훈 : -

● 銅像どうぞう 동상
● 青銅せいどう 청동

徳

음 : トク　　훈 : -

徳とく 덕, 은혜
● 道徳どうとく 도덕

読

음 : ドク トク トウ　　훈 : よむ

読書どくしょ 독서
● 購読こうどく 구독
● 読本とくほん 읽고 배우는 책(국어 교과서, 해설서)
●● 読点とうてん 쉼표
●● 句読点くとうてん 구두점(글을 마치거나 쉴 때 찍는 마침표와 쉼표)
読よむ 읽다

특 読経どきょう 독경(불경을 소리 내어 읽음)

認

음 : ニン　　훈 : みとめる

- 認識にんしき　인식
- 承認しょうにん　승인
- 認みとめる　인정하다

寧

음 : ネイ　　훈 : –

- 丁寧ていねい　친절함, 정중함
- 安寧あんねい　안녕(걱정이나 탈이 없음)

髪

음 : ハツ　　훈 : かみ

- 頭髪とうはつ　두발
- 髪かみ　머리카락
- 髪結かみゆい　머리를 매만짐

특 白髪しらが　흰머리

罰

음 : バツ　バチ　　훈 : –

- 罰金ばっきん　벌금
- 処罰しょばつ　처벌
- 罰当ばちあたり　벌을 받음

閥

음 : バツ　　훈 : –

- 財閥ざいばつ　재벌
- 派閥はばつ　파벌

碑

음 : ヒ　　훈 : -

- 碑銘ひめい 비명(비에 새긴 글)
- 石碑せきひ 비석
- 記念碑きねんひ 기념비

鼻

음 : ビ　　훈 : はな

- 鼻音びおん 비음(코로 내는 소리)
- 耳鼻科じびか 이비인후과
- 鼻はな 코
- 鼻血はなぢ 코피

漂

음 : ヒョウ　　훈 : ただよう

- 漂流ひょうりゅう 표류
- 漂白剤ひょうはくざい 표백제
- 漂ただよう 떠돌다

腐

음 : フ　　훈 : くさる　くさらす

- 腐敗ふはい 부패
- 陳腐ちんぷ 진부(새롭지 못함)
- 腐くさる 썩다, 상하다
- 腐くさらす 썩이다, 썩게 하다

複

음 : フク　　훈 : -

- 複雑ふくざつ 복잡
- 複合ふくごう 복합
- 重複じゅうふく 중복

聞

음 : ブン　モン　　훈 : きく　きこえる

- 新聞しんぶん　신문
- 見聞けんぶん　견문
- 前代未聞ぜんだいみもん　전대미문
(이제까지 들어 본 적이 없음)
- 聞きく　듣다, 묻다
- 聞きこえる　들리다

蔑

음 : ベツ　　훈 : さげすむ

- 蔑視べっし　멸시
- 軽蔑けいべつ　경멸
- 蔑さげすむ　업신여기다, 깔보다

慕

음 : ボ　　훈 : したう

- 慕情ぼじょう　그리워하는 마음
- 思慕しぼ　사모
- 慕したう　그리워하다

暮

음 : ボ　　훈 : くれる　くらす

- 歳暮せいぼ　세모, 연말
- 暮くれる　저물다
- 暮くらす　살다, (시간을) 보내다

貌

음 : ボウ　　훈 : –

- 美貌びぼう 미모(아름다운 얼굴)

僕

음 : ボク　　훈 : –

僕ぼく 나, 저

墨

음 : ボク　　훈 : すみ

- 筆墨ひつぼく 필묵(붓과 먹)
- 墨すみ 먹
- 遺墨いぼく 유묵(생전에 남긴 필적)

膜

음 : マク　　훈 : –

- 鼓膜こまく 고막
- 粘膜ねんまく 점막

慢

음 : マン　　훈 : –

- 怠慢たいまん 태만(열심히 하지 않고 게으름을 피움)
- 自慢じまん 자랑

漫

음 : マン　　훈 : –

漫画まんが 만화

- 散漫さんまん 산만

蜜

음 : ミツ　　훈 : –

- 蜜蜂みつばち　꿀벌
- 蜂蜜はちみつ　꿀, 벌꿀

銘

음 : メイ　　훈 : –

- 銘柄めいがら　상표
- 碑銘ひめい　비명(비에 새긴 글)

鳴

음 : メイ　　훈 : なく　なる　ならす

- 悲鳴ひめい　비명
- 雷鳴らいめい　천둥 소리

鳴なく　(새, 짐승 등이) 소리를 내다, 울다

鳴なる　울리다, 소리가 나다

- 鳴ならす　소리를 내다

綿

음 : メン　　훈 : わた

- 綿密めんみつ　면밀
- 木綿もめん　목면, 목화
- 綿わた　목화, 솜

模

음 : モ　ボ　　훈 : –

- 模範もはん　모범
- 模型もけい　모형
- 模倣もほう　모방
- 規模きぼ　규모

網

음 : モウ　　훈 : あみ

- 網膜もうまく 망막
- 網戸あみど 방충망
- 通信網つうしんもう 통신망
- ●● 投網とあみ 투망
- 網あみ 그물, 망

誘

음 : ユウ　　훈 : さそう

- 誘惑ゆうわく 유혹
- 誘さそう 권유하다
- 勧誘かんゆう 권유

様

음 : ヨウ　　훈 : さま

- 様子ようす 모양, 모습, 태도
- ~様さま ~님
- 模様もよう 무늬, 모양

瘍

음 : ヨウ　　훈 : –

- 胃潰瘍いかいよう 위궤양
- 脳腫瘍のうしゅよう 뇌종양

踊

음 : ヨウ　　훈 : おどる　おどり

- 舞踊ぶよう 무용
- 踊おどり 춤, 무용
- 踊おどる 춤추다

辣

음 : ラツ　　훈 : –

- 辛辣しんらつ　신랄

僚

음 : リョウ　　훈 : –

- 同僚どうりょう　동료
- 官僚かんりょう　관료

領

음 : リョウ　　훈 : –

- 領土りょうど　영토
- 大統領だいとうりょう　대통령

緑

음 : リョク　ロク　　훈 : みどり

- 緑茶りょくちゃ　녹차
- 新緑しんりょく　신록(늦봄이나 초여름에 새로 나온 잎의 푸른빛)
- 緑青ろくしょう　녹청
- 緑みどり　녹색, 초록

暦

음 : レキ　　훈 : こよみ

- 暦年れきねん　역년(달력상으로 정한 일 년)
- 還暦かんれき　환력, 환갑
- 暦こよみ　달력

歴

음 : レキ　　훈 : −

歴史れきし　역사

● 経歴けいれき　경력

練

음 : レン　　훈 : ねる

練習れんしゅう　연습

● 熟練じゅくれん　숙련

● 練ねる　반죽하다, 단련하다

漏

음 : ロウ　　훈 : もれる　もらす　もる

● 漏電ろうでん　누전
● 脱漏だつろう　탈루, 빠져나감
● 漏もれる　새다, 빠지다
● 漏もらす　새게 하다, 누설하다
● 漏もる　새다
● 雨漏あまもり　비가 샘

15획 한자

慰

음 : イ　　훈 : なぐさめる　なぐさむ

● 慰安いあん　위안
● 慰労いろう　위로
● 慰なぐさめる　위로하다
● 慰なぐさむ　위안이 되다

遺

음 : イ　ユイ　　훈 : –

- 遺産いさん　유산
- 遺伝子いでんし　유전자
- ●● 遺言ゆいごん, いごん　유언

影

음 : エイ　　훈 : かげ

- 影響えいきょう　영향
- 撮影さつえい　촬영
- 影かげ　그림자

鋭

음 : エイ　　훈 : するどい

- 鋭利えいり　예리
- 精鋭せいえい　정예
- 鋭するどい　날카롭다

閲

음 : エツ　　훈 : –

- 閲覧えつらん　열람
- 校閲こうえつ　교열(원고 내용을 검열하며 교정함)

縁

음 : エン　　훈 : ふち

- 縁故えんこ　관계, 연줄
- 血縁けつえん　혈연
- ●● 縁ふち　가장자리

특 因縁いんねん　인연

横

음 : オウ　　훈 : よこ

- 横断おうだん 횡단
- 専横せんおう 전횡(독선적인 행위)

横よこ 옆

億

음 : オク　　훈 : –

- 億万おくまん 억만
- 一億いちおく 일 억

稼

음 : カ　　훈 : かせぐ

- 稼働かどう 가동
- 稼業かぎょう 생업
- 稼かせぐ 벌다, 수입을 얻다

課

음 : カ　　훈 : –

課長かちょう 과장

日課にっか 일과

潰

음 : カイ　　훈 : つぶれる　つぶす

- 崩潰ほうかい 붕괴
  ＝ 崩壊ほうかい 붕괴
- 潰つぶれる 찌그러지다, 도산하다
- 潰つぶす 찌부러뜨리다, 부수다

確

음 : カク　　훈 : たしか　たしかめる

- 確認かくにん　확인
- 正確せいかく　정확
- 確たしかだ　분명하다
- 確たしかめる　확인하다

歓

음 : カン　　훈 : -

- 歓迎かんげい　환영
- 歓声かんせい　환성

監

음 : カン　　훈 : -

- 監督かんとく　감독
- 総監そうかん　총감

緩

음 : カン　　훈 : ゆるい　ゆるやか　ゆるむ　ゆるめる

- 緩和かんわ　완화
- 緩慢かんまん　완만
- 緩ゆるい　느슨하다, 엄하지 않다
- 緩ゆるやかだ　완만하다
- 緩ゆるむ　느슨해지다
- 緩ゆるめる　느슨하게 하다

器

음 : キ　　훈 : うつわ

- 器用きよう　손재주가 있음, 요령이 있음
- 陶器とうき　도기, 도자기
- 器うつわ　그릇, 용기

輝

음 : キ　　훈 : かがやく

- 輝石きせき 〔광물〕 휘석
- 光輝こうき 빛, 빛남
- 輝かがやく 빛나다, 반짝이다
- 輝かがやかしい 빛나다, 훌륭하다

儀

음 : ギ　　훈 : –

- 儀式ぎしき 의식
- ●● 威儀いぎ 위엄 있는 모습

窮

음 : キュウ　　훈 : きわまる　きわめる

- 窮屈きゅうくつ 갑갑함, 거북함
- 困窮こんきゅう 곤궁, 곤란함
- 窮きわまる 극도에 이르다, 다하다
- 窮きわめる 끝까지 가다

緊

음 : キン　　훈 : –

- 緊張きんちょう 긴장
- 緊急きんきゅう 긴급

勲

음 : クン　　훈 : –

- 勲章くんしょう 훈장
- 殊勲しゅくん 수훈(뛰어난 공로)

慶

음 : ケイ　　훈 : –

- 慶弔けいちょう　경조(경축과 조문)
- 慶祝けいしゅく　경축

稽

음 : ケイ　　훈 : –

- 稽古けいこ　(학문이나 기술 등을) 배움
- 滑稽こっけい　익살스러움, 우스꽝스러움

劇

음 : ゲキ　　훈 : –

- 劇場げきじょう　극장
- 演劇えんげき　연극

撃

음 : ゲキ　　훈 : うつ

- 撃退げきたい　격퇴
- 攻撃こうげき　공격
- 撃うつ　쏘다, 사격하다

潔

음 : ケツ　　훈 : いさぎよい

- 潔白けっぱく　결백
- 清潔せいけつ　청결
- 潔いさぎよい　깨끗하다

権

음 : ケン　ゴン　　훈 : –

- 権利けんり 권리
- 人権じんけん 인권
- ●● 権化ごんげ 권화(어떤 추상적 특성을 구체화하는 존재), 화신

稿

음 : コウ　　훈 : –

- 原稿用紙げんこうようし 원고용지
- 投稿とうこう 투고

撮

음 : サツ　　훈 : とる

- 撮影さつえい 촬영
- 撮とる (사진을) 찍다

賛

음 : サン　　훈 : –

賛成さんせい 찬성

- 称賛しょうさん 칭찬

暫

음 : ザン　　훈 : –

- 暫時ざんじ 잠시, 잠깐
- 暫定ざんてい 잠정(임시로 결정함)

餌

음 : –　　훈 : えさ　え

- 餌えさ 먹이
- ●● 餌食えじき 먹이, 희생물

質

음 : シツ　シチ　　훈 : -

質問しつもん 질문

● 質屋しちや 전당포

本質ほんしつ 본질

● 人質ひとじち 인질

● 質素しっそ 검소

특 気質かたぎ 기질

趣

음 : シュ　　훈 : おもむき

趣味しゅみ 취미

●● 趣おもむき 멋, 느낌

● 趣向しゅこう 취향

熟

음 : ジュク　　훈 : うれる

● 熟練じゅくれん 숙련

● 熟うれる 익다, 여물다

● 成熟せいじゅく 성숙

潤

음 : ジュン　　훈 : うるおう　うるおす　うるむ

● 潤沢じゅんたく 윤택

● 潤うるおす 축이다, 혜택을 주다

● 湿潤しつじゅん 습윤(습기가 많음)

● 潤うるむ 물기를 띠다, 촉촉이 젖다

● 潤うるおう 습기를 띠다, 혜택을 받다, 윤택해지다

諸

음 : ショ　　훈 : –

- **諸君**しょくん　제군, 여러분
- **諸国**しょこく　제국

憧

음 : ショウ　　훈 : あこがれる

- ●● **憧憬**しょうけい, どうけい　동경하다, 그리워하다
- **憧**あこが**れる**　동경하다, 그리워하다

衝

음 : ショウ　　훈 : –

- **衝突**しょうとつ　충돌
- **折衝**せっしょう　절충
- **衝動**しょうどう　충동

賞

음 : ショウ　　훈 : –

- **賞罰**しょうばつ　상벌
- **懸賞**けんしょう　현상(상금을 걸고 찾거나 모집함)

縄

음 : ジョウ　　훈 : なわ

- **縄文**じょうもん　조몬 시대(일본의 신석기 시대 중 한 시기)
- **自縄自縛**じじょうじばく　자승자박(자기가 한 말과 행동으로 인해 자기 자신이 꼼짝 못하게 됨)
- **縄**なわ　새끼줄, 밧줄

嘱

음 : ショク　　훈 : –

- 嘱託しょくたく　촉탁, 청탁
- 委嘱いしょく　위촉

審

음 : シン　　훈 : –

- 審判しんぱん　심판
- 不審ふしん　수상함

震

음 : シン　　훈 : ふるう　ふるえる

- 震災しんさい　진재(지진으로 인한 재해)
- 地震じしん　지진
- 震ふるう　흔들리다
- 震ふるえる　흔들리다, 떨리다

穂

음 : スイ　　훈 : ほ

- 穂状すいじょう　수상(이삭과 같은 모양)
- 出穂期しゅっすいき　출수기(벼, 보리 등의 이삭을 패는 시기)
- 穂ほ　이삭
- 稲穂いなほ　벼 이삭

請

음 : セイ　シン　　훈 : こう　うける

- 請求せいきゅう　청구
- 申請しんせい　신청
- 仮普請かりぶしん　임시 건축
- 請こう　청하다
- 請うける　돌려받다, 떠맡다
- 請負うけおい　청부, 도급
- 下請したうけ　하청

潜

음 : セン　　훈 : ひそむ　もぐる

- 潜水せんすい 잠수
- 潜在的せんざいてき 잠재적
- 潜ひそむ 숨다, 잠복하다
- 潜もぐる 잠수하다

線

음 : セン　　훈 : –

- 線路せんろ 선로
- 光線こうせん 광선

遷

음 : セン　　훈 : –

- 変遷へんせん 변천
- 遷都せんと 수도를 옮김

選

음 : セン　　훈 : えらぶ

- 選択せんたく 선택
- 選挙せんきょ 선거

選えらぶ 고르다, 뽑다

槽

음 : ソウ　　훈 : –

- 水槽すいそう 수조, 물통
- 浴槽よくそう 욕조, 목욕통

踪

음 : ソウ　　훈 : –

- 踪跡そうせき 종적, 행방
- 失踪しっそう 실종

蔵

음 : **ゾウ**　　훈 : **くら**

- **蔵書**ぞうしょ 장서(책을 간직해 둠), 소장본
- **貯蔵**ちょぞう 저장
- **蔵**くら 곳간, 창고

諾

음 : **ダク**　　훈 : –

- **諾否**だくひ 승낙과 거절
- **承諾**しょうだく 승낙

誰

음 : –　　훈 : **だれ**

- **誰**だれ 누구

誕

음 : **タン**　　훈 : –

誕生日たんじょうび 생일

- **生誕**せいたん 탄생

談

음 : **ダン**　　훈 : –

- **談判**だんぱん 담판

相談そうだん 상담

鋳

음 : チュウ 훈 : いる

- 鋳造ちゅうぞう 주조(쇠를 녹여서 물건을 만듦)
- 改鋳かいちゅう 개주(고쳐서 다시 주조함)
- ●● 鋳いる 주조하다
- ●● 鋳物いもの 주물(쇠붙이를 녹여서 거푸집에 부은 다음, 굳혀서 만든 물건)

駐

음 : チュウ 훈 : -

駐車ちゅうしゃ 주차

- 駐在員ちゅうざいいん 주재원

嘲

음 : チョウ 훈 : あざける

- 自嘲じちょう 자조(자기 스스로 비웃음)
- 嘲あざける 비웃다

潮

음 : チョウ 훈 : しお

- 風潮ふうちょう 풍조(시대에 따라 변해 가는 세태)
- 潮しお 조수
- 潮風しおかぜ 갯바람, 바닷바람

澄

음 : チョウ 훈 : すむ すます

- 清澄せいちょう 청징(맑고 깨끗함)
- 澄すます 깨끗이 하다, 맑게 하다
- 澄すむ 맑다, 맑아지다

調

음 : チョウ　　훈 : しらべる　ととのう　ととのえる

- 調査ちょうさ　조사
- 好調こうちょう　순조(상황이나 형편 등이 좋은 상태)
- 調しらべる　조사하다
- 調ととのう　성립되다, 갖추어지다
- 調ととのえる　갖추다, 성립시키다

墜

음 : ツイ　　훈 : –

- 墜落ついらく　추락
- 撃墜げきつい　격추(비행기를 쏘아 떨어뜨림)

締

음 : テイ　　훈 : しまる　しめる

- 締結ていけつ　체결
- 締しまる　단단히 죄이다
- 締しめる　죄다, 짜내다
- 締しめ切きる　완전히 닫다, 마감하다

敵

음 : テキ　　훈 : かたき

- 敵てき　적
- 敵意てきい　적의(적대시하는 마음)
- 匹敵ひってき　필적(능력이나 세력이 엇비슷하여 서로 맞섬)
- 敵かたき　적, 원수

徹

음 : テツ 훈 : –

- 徹夜てつや 철야, 밤샘
- 徹底てってい 철저
- 貫徹かんてつ 관철(자신의 주장을 밀고 나아가 목적을 이룸)

撤

음 : テツ 훈 : –

- 撤去てっきょ 철거
- 撤回てっかい 철회

踏

음 : トウ 훈 : ふむ ふまえる

- 踏破とうは 답파(험한 길이나 먼 길을 끝까지 걸어서 돌파함)
- 踏襲とうしゅう 답습
- 踏ふむ 밟다
- 足踏あしぶみ 제자리걸음
- 踏ふまえる 밟아 누르다, 힘차게 밟다

導

음 : ドウ 훈 : みちびく

導入どうにゅう 도입
指導しどう 지도
- 導みちびく 인도하다

熱

음 : ネツ 훈 : あつい

熱ねつ 열
- 熱湯ねっとう 열탕, 뜨거운 물
- 情熱じょうねつ 정열
熱あつい 뜨겁다

罵

음 : バ　　훈 : ののしる

- 罵倒ばとう　매도(몹시 욕함)
- 罵ののしる　욕하다, 떠들다

輩

음 : ハイ　　훈 : –

- 輩出はいしゅつ　배출
- 先輩せんぱい　선배
- 後輩こうはい　후배

賠

음 : バイ　　훈 : –

- 賠償ばいしょう　배상

箱

음 : –　　훈 : はこ

- 箱はこ　상자
- ゴミ箱ばこ　쓰레기통

箸

음 : –　　훈 : はし

- 箸はし　젓가락

範

음 : ハン　　훈 : –

- 範囲はんい　범위
- 模範もはん　모범

盤

음 : バン　　훈 : –

- 地盤じばん 지반
- 基盤きばん 기반

罷

음 : ヒ　　훈 : –

- 罷業ひぎょう 파업
- 罷免ひめん 파면

膝

음 : –　　훈 : ひざ

- 膝ひざ 무릎

標

음 : ヒョウ　　훈 : –

- 標準ひょうじゅん 표준
- 目標もくひょう 목표

賓

음 : ヒン　　훈 : –

- 賓客ひんかく 귀한 손님
- 来賓らいひん 내빈, 초대 손님

敷

음 : フ　　훈 : しく

- 敷設ふせつ 부설
- 敷しく 깔다
- 屋敷やしき 저택, 대지
- ●● 桟敷さじき 판자를 깔아서 높게 만든 관람석

膚

음 : フ　　훈 : -

- 皮膚ひふ　피부

賦

음 : フ　　훈 : -

- 月賦げっぷ　월부, 달붓기
- 天賦てんぷ　천부(선천적으로 가지고 태어남)

舞

음 : ブ　　훈 : まう

- 舞台ぶたい　무대
- 舞踏会ぶとうかい　무도회
- 舞まう　춤추다, 흩날리다
- 舞まい上あがる　날아올라가다

噴

음 : フン　　훈 : ふく

- 噴水ふんすい　분수
- 噴火ふんか　분화
- 噴ふく　내뿜다

墳

음 : フン　　훈 : -

- 墳墓ふんぼ　무덤
- 古墳こふん　고분

憤

음 : フン　　훈 : いきどおる

- 憤慨ふんがい　분개
- 発憤はっぷん　분발
- 憤いきどおる　분개하다, 성내다

幣

음 : ヘイ　　훈 : -

- 貨幣かへい　화폐
- 紙幣しへい　지폐

弊

음 : ヘイ　　훈 : -

- 弊害へいがい　폐해, 해
- 疲弊ひへい　피폐

餅

음 : ヘイ　　훈 : もち

- 煎餅せんべい　얇게 구운 일본 과자
- 餅もち　떡, 찰떡

編

음 : ヘン　　훈 : あむ

- 編集へんしゅう　편집
- 長編ちょうへん　장편
- 短編たんぺん　단편
- 編あむ　짜다, 엮다

舗

음 : ホ　　훈 : -

- 舗装ほそう　포장(길에 시멘트 등을 덮어 단단하게 만드는 일)
- 店舗てんぽ　점포, 가게

褒

음 : ホウ　　훈 : ほめる

- 褒美ほうび　상, 포상
- 褒ほめる　칭찬하다

暴

음 : ボウ　バク　　훈 : あばく　あばれる

- 暴力ぼうりょく　폭력
- 乱暴らんぼう　난폭
- 暴露ばくろ　폭로
- 暴あばく　폭로하다
- 暴あばれる　난폭하게 굴다

頬

음 : -　　훈 : ほお

- 頬ほお　볼, 뺨

撲

음 : ボク　　훈 : -

- 撲滅ぼくめつ　박멸
- 打撲だぼく　타박(치거나 때림)

특 相撲すもう　스모(일본의 전통적인 씨름)

摩

음 : マ　　훈 : -

- 摩擦まさつ　마찰
- 摩天楼まてんろう　마천루(하늘에 닿을 듯이 높게 지은 고층 건물)

魅

음 : ミ　　훈 : –

- 魅力みりょく　매력
- 魅惑みわく　매혹

黙

음 : モク　　훈 : だまる

- 暗黙あんもく　암묵
- 沈黙ちんもく　침묵
- 黙だまる　입을 다물다, 가만히 있다

憂

음 : ユウ　　훈 : うれい　うい

- 憂愁ゆうしゅう　우수
- 一喜一憂いっきいちゆう　일희일우(한편으로는 기뻐하고 한편으로는 걱정함)
- 憂うれい　근심, 걱정
- 憂うい　괴롭다, 고통스럽다
- 物憂ものうい　울적하다, 귀찮다

窯

음 : ヨウ　　훈 : かま

- 窯業ようぎょう　요업
- 窯かま　가마

養

음 : ヨウ　　훈 : やしなう

- 養育よういく　양육
- 休養きゅうよう　휴양
- 養やしなう　기르다, 양육하다

履

음 : リ　　　　훈 : はく

- 履歴りれき　이력
- 草履ぞうり　일본식 짚신
- 履はく　신다, 입다

璃

음 : リ　　　　훈 : -

- 瑠璃るり　유리, 청보석

慮

음 : リョ　　　　훈 : -

- 遠慮えんりょ　사양
- 考慮こうりょ　고려

寮

음 : リョウ　　　　훈 : -

- 寮りょう　기숙사
- 独身寮どくしんりょう　독신자 기숙사

輪

음 : リン　　　　훈 : わ

- 一輪いちりん　일륜(바퀴 하나), 꽃 한 송이
- 車輪しゃりん　수레바퀴
- 輪わ　바퀴, 원형
- 首輪くびわ　목걸이

霊

음 : レイ　　훈 : たま

- 霊感れいかん 영감
- 霊たま 영혼
- 幽霊ゆうれい 유령

특 悪霊あくりょう 악령　死霊しりょう 귀신

論

음 : ロン　　훈 : −

論理ろんり 논리

- 議論ぎろん 의논, 논의

16획 한자

緯

음 : イ　　훈 : −

- 緯度いど 위도
- 経緯けいい 경위, 일의 경과

衛

음 : エイ　　훈 : −

- 衛生えいせい 위생
- 護衛ごえい 호위

憶

음 : オク　　훈 : −

- 記憶きおく 기억
- 追憶ついおく 추억

穩

음 : オン　　훈 : おだやか

- 穩和おんわ 온화
- 平穩へいおん 평온
- 穩おだやかだ 온화하다, 조용하다

특 安穩あんのん 안온

壊

음 : カイ　　훈 : こわれる こわす

- 壊滅かいめつ 괴멸
- 破壊はかい 파괴
- 壊こわれる 부서지다
- 壊こわす 부수다

懐

음 : カイ　　훈 : ふところ なつかしい なつかしむ なつく なつける

- 懐中かいちゅう 주머니 속
- 述懐じゅっかい 술회(마음에 품고 있는 생각을 말함)
- 懐ふところ 품속
- 懐なつかしい 그립다
- 懐なつかしむ 그리워하다
- 懐なつく 친숙해져서 따르다
- 懐なつける 길들이다

還

음 : カン　　훈 : -

- 還元かんげん 환원
- 返還へんかん 반환

館

음 : カン　　훈 : -

- 館長かんちょう 관장
- 図書館としょかん 도서관

機

음 : キ　　　　훈 : はた

- 機会きかい　기회
- 機械きかい　기계
- 危機きき　위기
- ●● 機はた　베틀, 또는 그것으로 짠 직물
- ●● 機織はたおり　베틀로 베를 짬

橋

음 : キョウ　　　　훈 : はし

- 橋脚きょうきゃく　교각(다리 기둥)
- 歩道橋ほどうきょう　보도교, 육교
- 橋はし　다리, 교량

凝

음 : ギョウ　　　　훈 : こる　こらす

- 凝固ぎょうこ　응고
- 凝視ぎょうし　응시(뚫어지게 바라봄)
- 凝こる　엉기다
- 凝こらす　엉기게 하다

薫

음 : クン　　　　훈 : かおる

- 薫風くんぷう　훈풍(훈훈한 바람)
- 薫陶くんとう　훈도(덕으로써 사람을 감화시켜 훌륭한 사람을 만듦)
- 薫かおる　향기가 나다

憩

음 : ケイ　　　　훈 : いこい　いこう

- 休憩きゅうけい　휴게, 휴식
- 憩いこい　쉼, 휴식
- 憩いこう　쉬다, 휴식하다

激

음 : ゲキ　　훈 : はげしい

- 激動げきどう 격동(급격한 움직임)
- 感激かんげき 감격
- 激はげしい 심하다, 격심하다

憲

음 : ケン　　훈 : -

- 憲法けんぽう 헌법
- 憲章けんしょう 헌장

賢

음 : ケン　　훈 : かしこい

- 賢明けんめい 현명
- 先賢せんけん 선현
- 賢かしこい 현명하다, 슬기롭다

興

음 : キョウ コウ　　훈 : おこる おこす

- 興味きょうみ 흥미
- 興奮こうふん 흥분
- 振興しんこう 진흥
- 興おこる 일어나다
- 興おこす 일으키다

衡

음 : コウ　　훈 : -

- 均衡きんこう 균형
- 平衡へいこう 평형

鋼

음 : コウ　　훈 : はがね

- 鋼鉄こうてつ　강철
- 鋼はがね　강철
- 製鋼せいこう　제강(강철을 만듦)

墾

음 : コン　　훈 : –

- 開墾かいこん　개간

錯

음 : サク　　훈 : –

- 錯誤さくご　착오
- 錯覚さっかく　착각

儒

음 : ジュ　　훈 : –

- 儒学じゅがく　유학
- 儒教じゅきょう　유교

樹

음 : ジュ　　훈 : –

- 樹木じゅもく　수목, 나무
- 街路樹がいろじゅ　가로수

獣

음 : ジュウ　　훈 : けもの

- 獣類じゅうるい　수류, 짐승
- 獣けもの　짐승
- 猛獣もうじゅう　맹수

縦

음 : ジュウ　　　훈 : たて

- 縦断じゅうだん　종단
- 操縦そうじゅう　조종
- 縦たて　세로

壌

음 : ジョウ　　　훈 : -

- 土壌どじょう　토양

嬢

음 : ジョウ　　　훈 : -

- 愛嬢あいじょう　귀염둥이 딸
- お嬢じょうさん　아가씨

錠

음 : ジョウ　　　훈 : -

- 錠剤じょうざい　정제, 알약
- 手錠てじょう　수갑

親

음 : シン　　　훈 : おや　したしい　したしむ

- 親友しんゆう　친구
- 肉親にくしん　육친(혈족 관계가 있는 사람)
- 親おや　부모
- 父親ちちおや　부친, 아버지
- 親したしい　친하다
- 親したしむ　친하게 지내다

整

음 : セイ　　훈 : ととのう　ととのえる

- 整列せいれつ　정렬
- 調整ちょうせい　조정
- 整ととのう　정돈되다
- 整ととのえる　정돈하다

醒

음 : セイ　　훈 : –

- 覚醒かくせい　각성(깨어 정신을 차림)

積

음 : セキ　　훈 : つむ　つもる

- 積雪せきせつ　적설
- 蓄積ちくせき　축적
- 面積めんせき　면적
- 積つむ　쌓다
- 積つもる　쌓이다
- 見積書みつもりしょ　견적서

薦

음 : セン　　훈 : すすめる

- 推薦すいせん　추천
- 薦すすめる　추천하다

膳

음 : ゼン　　훈 : –

- 膳ぜん = お膳ぜん　밥상

操

음 : ソウ　　훈 : あやつる　みさお

- 操縦そうじゅう　조종
- 操作そうさ　조작
- 操あやつる　다루다, 조종하다
- •• 操みさお　지조, 정조

濁

음 : ダク　　훈 : にごる　にごす

- 濁音だくおん　탁음(ガ행·ザ행·ダ행·バ행을 발음할 때 목청이 떨려 울리는 소리)
- 清濁せいだく　청탁(맑음과 흐림)
- 濁にごる　흐려지다
- 濁にごす　흐리게 하다

壇

음 : ダン　タン　　훈 : –

- 花壇かだん　화단
- 文壇ぶんだん　문단
- 土壇場どたんば　막판, 마지막 판, 마지막 순간

緻

음 : チ　　훈 : –

- 緻密ちみつ　치밀

築

음 : チク　　훈 : きずく

- 建築けんちく　건축
- 改築かいちく　개축(건물이 허물어지거나 낡아서 고쳐 짓거나 쌓음)
- 築きずく　쌓다, 쌓아올리다

특 築山つきやま　가산(정원에 돌·흙 등을 쌓아 산처럼 꾸민 곳)

諦

음 : テイ　　훈 : あきらめる

- 諦念ていねん　체념
- 諦あきらめる　포기하다, 단념하다

賭

음 : ト　　훈 : かける

- 賭博とばく　도박
- 賭かける　내기를 하다
- 賭かけ事ごと　내기, 도박

糖

음 : トウ　　훈 : –

- 糖分とうぶん　당분
- 砂糖さとう　설탕

頭

음 : トウ　ト　ズ　　훈 : あたま　かしら

- 先頭せんとう　선두
- 音頭おんど　선창
- 頭痛ずつう　두통
- 頭上ずじょう　머리 위
  頭あたま　머리
- 目頭めがしら　눈시울

篤

음 : トク　　훈 : –

- 危篤きとく　위독

曇

음 : ドン　　훈 : くもる

- 曇天どんてん 담천(흐린 날씨)
- 曇くもる 흐리다
- 曇くもり 흐림

燃

음 : ネン　　훈 : もえる もやす

- 燃料ねんりょう 연료
- 燃もえる 타다
- 燃もやす 태우다

濃

음 : ノウ　　훈 : こい

- 濃厚のうこう 농후(맛, 색깔, 성분 등이 진함)
- 濃淡のうたん 농담(짙음과 옅음)
- 濃こい 짙다, 진하다

薄

음 : ハク　　훈 : うすい うすまる うすめる うすれる

- 薄情はくじょう 박정(인정이 박하다)
- 軽薄けいはく 경박(언행이 신중하지 못하고 가벼움)
- 薄うすい 얇다, 적다, 연하다
- 薄着うすぎ 옷을 얇게 입음
- 薄うすまる (농도가) 엷어지다
- 薄うすめる 엷게 하다
- 薄うすれる 엷어지다, 희미해지다

縛

음 : バク　　훈 : しばる

- 束縛そくばく 속박
- 捕縛ほばく 포박
- 縛しばる 묶다, 결박하다

繁

음 : ハン　　훈 : –

- 繁栄はんえい　번영
- 繁華街はんかがい　번화가

避

음 : ヒ　　훈 : さける

- 避難ひなん　피난
- 待避たいひ　대피
- 避さける　피하다

奮

음 : フン　　훈 : ふるう

- 奮起ふんき　분기, 분발
- 興奮こうふん　흥분
- 奮ふるう　떨치다, 분발하다

壁

음 : ヘキ　　훈 : かべ

- 壁画へきが　벽화
- 岸壁がんぺき　안벽(물가의 가파른 절벽)
- 壁かべ　벽

縫

음 : ホウ　　훈 : ぬう

- 縫製ほうせい　봉제
- 裁縫さいほう　재봉, 바느질
- 縫ぬう　꿰매다
- 縫ぬい目め　바느질 자리, 솔기

膨

음 : ボウ　　훈 : ふくらむ　ふくれる

- 膨大ぼうだい　방대
- 膨ふくらむ　부풀다
- 膨ふくれる　부풀다, 불룩해지다

謀

음 : ボウ　ム　　훈 : はかる

- 謀略ぼうりゃく　모략
- 無謀むぼう　무모
- 謀反むほん　모반, 반역
- 謀はかる　꾀하다, 꾸미다

磨

음 : マ　　훈 : みがく

- 研磨けんま　연마(갈고닦음)
- 磨みがく　닦다
- 磨みがき粉こ　연마분(닦는 데 쓰는 가루)

麵

음 : メン　　훈 : –

- 麵めん　면
- カップ麵めん　컵라면

薬

음 : ヤク　　훈 : くすり

- 薬局やっきょく　약국
- 火薬かやく　화약
- 薬くすり　약

諭

음 : ユ　　훈 : さとす

- 教諭きょうゆ 교유(가르치고 타이름), 교사
- 説諭せつゆ 설유(말로 타이름)
- 諭さとす 잘 타이르다

輸

음 : ユ　　훈 : –

- 輸出ゆしゅつ 수출
- 輸送ゆそう 수송
- 運輸うんゆ 운수(사람이나 물건을 실어 나름)

融

음 : ユウ　　훈 : –

- 融和ゆうわ 융화
- 金融きんゆう 금융

擁

음 : ヨウ　　훈 : –

- 擁護ようご 옹호
- 抱擁ほうよう 포옹

謡

음 : ヨウ　　훈 : うたう

- 民謡みんよう 민요
- 歌謡かよう 가요
- 謡うたう 노래하다

頼

음 : ライ　　훈 : たのむ たのもしい たよる

- 依頼いらい 의뢰
  信頼しんらい 신뢰
  頼たのむ 부탁하다
- 頼たのもしい 믿음직하다
- 頼たよる 의지하다, 믿다

隣

음 : リン　　훈 : となり となる

- 隣接りんせつ 인접
- 近隣きんりん 근린(가까운 이웃)
- 隣となり 이웃, 옆
- 隣となり合あう
  서로 이웃이 되다

隷

음 : レイ　　훈 : –

- 隷属れいぞく 예속, 종속
- 奴隷どれい 노예

錬

음 : レン　　훈 : –

- 錬金術れんきんじゅつ 연금술
- 鍛錬たんれん 단련

録

음 : ロク　　훈 : –

- 録音ろくおん 녹음
  記録きろく 기록

17획 한자

環

음 : カン　　훈 : –

- 環境かんきょう 환경
- 循環じゅんかん 순환

擬

음 : ギ　　훈 : –

- 擬音ぎおん 의음, 효과음
- 模擬もぎ 모의

犠

음 : ギ　　훈 : –

- 犠牲ぎせい 희생
- 犠打ぎだ 〔야구〕. 희생타

謹

음 : キン　　훈 : つつしむ

- 謹厳きんげん 근엄
- 謹慎きんしん 근신
- 慎つつしむ 삼가다

謙

음 : ケン　　훈 : –

- 謙虚けんきょ 겸허
- 謙譲けんじょう 겸양

鍵

음 : ケン　　훈 : かぎ

- 鍵盤けんばん　(피아노 등의) 건반
- 鍵かぎ　열쇠

厳

음 : ゲン　ゴン　　훈 : きびしい　おごそか

- 厳重げんじゅう　엄중
- 威厳いげん　위엄
- 荘厳そうごん　장엄
- 厳きびしい　엄하다, 험하다
- 厳おごそかだ　엄숙하다

講

음 : コウ　　훈 : -

講義こうぎ　강의

- 聴講ちょうこう　청강

購

음 : コウ　　훈 : -

- 購入こうにゅう　구입
- 購買こうばい　구매

懇

음 : コン　　훈 : ねんごろ

- 懇切こんせつ　간절, 극진하고 자상함
- 懇親会こんしんかい　친목회
- 懇ねんごろだ　공손하다, 친하다

擦

음 : サツ　　　훈 : すれる　する

- 擦過傷さっかしょう　찰과상
- 摩擦まさつ　마찰
- 擦すれる　스치다, 맞닿다
- 擦する　문지르다, 비비다
- 擦り傷きず　찰과상

謝

음 : シャ　　　훈 : あやまる

- 謝絶しゃぜつ　사절
- 感謝かんしゃ　감사
- 謝あやまる　사과하다

醜

음 : シュウ　　　훈 : みにくい

- 醜悪しゅうあく　추악
- 醜態しゅうたい　추태
- 醜みにくい　추하다, 보기 흉하다

縮

음 : シュク　　　훈 : ちぢむ　ちぢまる　ちぢめる　ちぢれる　ちぢらす

- 縮小しゅくしょう　축소
- 短縮たんしゅく　단축
- 縮ちぢむ　줄다, 오그라들다
- 縮ちぢまる　오그라들다, 움츠러들다
- 縮ちぢめる　줄이다, 축소하다
- 縮ちぢれる　주름이 지다, 쪼글쪼글해지다
- 縮ちぢらす　오그라들게 하다

償

음 : ショウ　　훈 : つぐなう

- 償金しょうきん　배상금
- 弁償べんしょう　변상
- 償つぐなう　배상하다

礁

음 : ショウ　　훈 : –

- 岩礁がんしょう　암초
- さんご礁さんごしょう　산호초

績

음 : セキ　　훈 : –

- 紡績ぼうせき　방적(실을 뽑는 일), 길쌈
- 成績せいせき　성적
- 業績ぎょうせき　업적

繊

음 : セン　　훈 : –

- 繊細せんさい　섬세
- 繊維せんい　섬유

鮮

음 : セン　　훈 : あざやか

- 鮮明せんめい　선명
- 新鮮しんせん　신선함, 싱싱함
- 鮮あざやかだ　선명하다, 뚜렷하다

燥

음 : ソウ　　훈 : –

- 乾燥かんそう　건조
- 焦燥しょうそう　초조

霜

음 : ソウ　　훈 : しも

- 霜害そうがい 상해(서리의 피해)
- 初霜はつしも 첫서리
- 霜しも 서리

戴

음 : タイ　　훈 : –

- 推戴すいたい 추대(윗사람으로 떠받듦)
- 頂戴ちょうだい 받음, 주세요(부탁하는 말)

濯

음 : タク　　훈 : –

洗濯せんたく 세탁, 빨래

鍛

음 : タン　　훈 : きたえる

- 鍛錬たんれん 단련
- 鍛きたえる 단련하다

聴

음 : チョウ　　훈 : きく

- 聴衆ちょうしゅう 청중
- 聴きく 귀 기울여 듣다
- 傍聴ぼうちょう 방청

謄

음 : トウ　　훈 : –

- 謄本とうほん 등본
- 謄写とうしゃ 베껴 씀

瞳

음 : ドウ　　훈 : ひとみ

- 瞳孔どうこう　동공(눈동자)
- 瞳ひとみ　눈동자

謎

음 : –　　훈 : なぞ

- 謎なぞ　수수께끼

鍋

음 : –　　훈 : なべ

- 鍋なべ　냄비, 냄비 요리

頻

음 : ヒン　　훈 : –

- 頻度ひんど　빈도
- 頻繁ひんぱん　빈번, 잦음

闇

음 : –　　훈 : やみ

- 闇やみ　어둠
- 暗闇くらやみ　어두운 곳, 사람 눈에 띄지 않는 곳

優

음 : ユウ　　훈 : やさしい　すぐれる

- 優柔不断ゆうじゅうふだん　우유부단
  俳優はいゆう　배우
- 優やさしい　다정하다, 상냥하다
- 優すぐれる　우수하다, 뛰어나다

翼

음 : ヨク　　훈 : つばさ

- 左翼さよく 좌익
- 翼つばさ 날개
- 羽翼うよく 우익

覧

음 : ラン　　훈 : -

- 一覧いちらん 일람(한 번 봄)
- 展覧会てんらんかい 전람회

療

음 : リョウ　　훈 : -

- 療養りょうよう 요양
- 治療ちりょう 치료

瞭

음 : リョウ　　훈 : -

- 明瞭めいりょう 명료, 명확, 뚜렷함
- 一目瞭然いちもくりょうぜん 일목요연

齢

음 : レイ　　훈 : -

- 年齢ねんれい 연령, 나이
- 高齢こうれい 고령

18획 한자

額

음 : ガク　　훈 : ひたい

- 額縁がくぶち 액자
- 金額きんがく 금액
- 額ひたい 이마

簡

음 : カン　　훈 : –

- 簡単かんたん 간단
- 書簡しょかん 서간, 편지

観

음 : カン　　훈 : –

- 観察かんさつ 관찰
- 客観きゃっかん 객관

韓

음 : カン　　훈 : –

- 韓国かんこく 한국
- 英韓辞書えいかんじしょ 영한사전

顔

음 : ガン　　훈 : かお

- 顔面がんめん 안면
- 童顔どうがん 동안
- 顔かお 얼굴
- 笑顔えがお 웃는 얼굴

襟

음 : キン　　훈 : えり

- 襟度きんど 도량, 아량
- 胸襟きょうきん 가슴 속
- 襟えり 옷깃

顕

음 : ケン　　훈 : –

- 顕著けんちょ 현저
- 顕微鏡けんびきょう 현미경

験

음 : ケン　ゲン　　훈 : –

- 試験しけん 시험
- 経験けいけん 경험
- 体験たいけん 체험
- 霊験れいげん 영험

鎖

음 : サ　　훈 : くさり

- 鎖国さこく 쇄국
- 封鎖ふうさ 봉쇄
- 鎖くさり 쇠사슬

瞬

음 : シュン　　훈 : またたく

- 瞬間しゅんかん 순간
- 一瞬いっしゅん 일순, 순간
- 瞬またたく 깜빡이다

織

음 : ショク　シキ　　훈 : おる

- 織機しょっき 직기, 베틀
- 紡織ぼうしょく 방직(실을 뽑아서 천을 짬)
- 組織そしき 조직
- 織おる 짜다
- 織物おりもの 직물

職

음 : ショク　　훈 : –

- 職業しょくぎょう 직업
- 就職しゅうしょく 취직

繕

음 : ゼン　　훈 : つくろう

- 修繕しゅうぜん 수선
- 繕つくろう 수선하다, 고치다

礎

음 : ソ　　훈 : いしずえ

- 礎石そせき 초석, 주춧돌
- 基礎きそ 기초
- 礎いしずえ 초석, 기초

騒

음 : ソウ　　훈 : さわぐ

- 騒動そうどう 소동
- 物騒ぶっそう 위험한 느낌이 드는 모양
- 騒さわぐ 떠들다
- 騒さわがしい 시끄럽다, 떠들썩하다

贈

음 : ゾウ　ソウ　　훈 : おくる

- 贈与ぞうよ　증여
- 贈呈ぞうてい　증정
- 寄贈きぞう, きそう　기증

贈おくる　보내다, 주다

贈おくり物もの　선물

題

음 : ダイ　　훈 : –

- 題名だいめい　제명, 제목

問題もんだい　문제

懲

음 : チョウ　　훈 : こりる　こらす　こらしめる

- 懲戒ちょうかい　징계
- 懲役ちょうえき　징역(죄인을 교도소에 가두고 일정 기간 노동하게 하는 형벌)
- 懲こりる　질리다, 넌더리나다
- 懲こらす　징계하다, 혼내주다
- 懲こらしめる　징계하다, 벌주다

鎮

음 : チン　　훈 : しずまる　しずめる

- 鎮静ちんせい　진정
- 鎮しずまる　진정되다
- 鎮しずめる　가라앉히다, 진압시키다

藤

음 : トウ　　훈 : ふじ

- 葛藤かっとう　갈등
- 藤ふじ　〔식물〕 등나무

闘

음 : トウ　　훈 : たたかう

- 闘争とうそう　투쟁
- 戦闘せんとう　전투
- 闘たたかう　싸우다

難

음 : ナン　　훈 : むずかしい　かたい

- 難易なんい　난이(어려움과 쉬움)
- 困難こんなん　곤란
- 難むずかしい　어렵다
- 忘わすれ難がたい　잊기 어렵다

覆

음 : フク　　훈 : おおう　くつがえす

- 覆面ふくめん　복면
- 転覆てんぷく　전복
- 覆おおう　덮다
- 覆くつがえす　뒤집다

壁

음 : ヘキ　　훈 : –

- 完璧かんぺき　완벽

癖

음 : ヘキ　　훈 : くせ

- 病癖びょうへき　나쁜 버릇
- 潔癖性けっぺきしょう　결벽성, 결벽증
- 癖くせ　버릇, 습관
- 口癖くちぐせ　입버릇

翻

음 : ホン　　훈 : ひるがえる　ひるがえす

- 翻訳ほんやく　번역
  翻案ほんあん　번안(원작의 줄거리는 그대로 두고, 무대나 등장 인물 등을 바꾸어 고침)
- 翻ひるがえる　뒤집히다, 나부끼다
- 翻ひるがえす　뒤집다, 번복하다

癒

음 : ユ　　훈 : –

- 癒着ゆちゃく　유착, 엉겨 붙음
- 治癒ちゆ　치유

曜

음 : ヨウ　　훈 : –

曜日ようび　요일

火曜日かようび　화요일

濫

음 : ラン　　훈 : –

- 濫伐らんばつ　남벌, 마구 벰
- 濫用らんよう　남용

藍

음 : ラン　　훈 : あい

- 藍青色らんせいしょく　남청색(남색을 띤 청색)
- 藍色あいいろ　남빛

糧

음 : リョウ　　훈 : かて

- 糧食りょうしょく 양식
- 食糧しょくりょう 식량
- 糧かて 식량

臨

음 : リン　　훈 : のぞむ

- 臨時りんじ 임시
- 君臨くんりん 군림
- 臨のぞむ 임하다

類

음 : ルイ　　훈 : たぐい

- 類型るいけい 유형
- 種類しゅるい 종류
- 分類ぶんるい 분류
- 類たぐい 같은 종류의 것

19획 한자

韻

음 : イン　　훈 : -

- 韻律いんりつ 운율
- 音韻おんいん 음운

願

음 : ガン　　훈 : ねがう

- 願望がんぼう 원하고 바람
- 祈願きがん 기원
- 願ねがう 바라다

鏡

음 : キョウ　　훈 : かがみ

- 鏡台きょうだい 경대(거울이 달린 화장대)
- 望遠鏡ぼうえんきょう 망원경
  鏡かがみ 거울

특 眼鏡めがね 안경

繰

음 : –　　훈 : くる

- 繰くる 끌어당기다, 차례로 밀어 옮기다
- 繰くり返かえす 되풀이하다, 반복하다

警

음 : ケイ　　훈 : –

- 警告けいこく 경고
- 警察けいさつ 경찰

鶏

음 : ケイ　　훈 : にわとり

- 鶏卵けいらん 달걀
- 鶏にわとり 닭
- 養鶏ようけい 양계(닭을 기르는 일)

鯨

음 : ゲイ　　훈 : くじら

- 鯨油げいゆ 경유(고래 기름)
- 鯨くじら 고래
- 捕鯨ほげい 포경(고래잡이)

識

음 : シキ　　훈 : –

- 識別しきべつ 식별
  知識ちしき 지식

蹴

음 : シュウ　　훈 : ける

- 蹴球しゅうきゅう 축구
- 蹴ける 걷어차다

藻

음 : ソウ　　훈 : も

- 藻類そうるい 조류(물 속에서 생육하는 부유 식물)
- 海藻かいそう 해초, 바닷말
- 藻も 말(해조 및 수초의 총칭)

臓

음 : ゾウ　　훈 : –

- 臓器ぞうき 장기, 내장 기관
- 心臓しんぞう 심장

覇

음 : ハ　　훈 : –

- 覇権はけん 패권, 지배권
- 制覇せいは 제패(경기 등에서 우승함)

爆

음 : バク　　훈 : –

- 爆発ばくはつ 폭발
- 原爆げんばく 원폭(원자폭탄)
- 爆弾ばくだん 폭탄

譜

음 : フ　　훈 : –

- 系譜けいふ 계보
- 楽譜がくふ 악보

簿

음 : ボ　　훈 : –

- 名簿めいぼ 명부
- 帳簿ちょうぼ 장부

霧

음 : ム　　훈 : きり

- 濃霧のうむ 농무(짙은 안개)
- 噴霧器ふんむき 분무기
- 霧きり 안개
- 霧雨きりさめ 안개비

羅

음 : ラ　　훈 : –

- 羅列られつ 나열
- 網羅もうら 망라(널리 빠짐없이 모음)

離

음 : リ　　훈 : はなれる　はなす

- 離婚りこん 이혼
- 距離きょり 거리
- 離はなれる 떨어지다
- 離はなす 놓다, 떼어내다

麗

음 : レイ　　훈 : うるわしい

- 端麗たんれい 단려(단정하고 아름다움)
- 美麗びれい 미려(아름답고 고움)
- 麗うるわしい 곱다, 아름답다

麓

음 : ロク　　훈 : ふもと

- 山麓さんろく 산록, 산기슭
- 麓ふもと (산)기슭

20획 한자

議

음 : ギ　　훈 : –

- 議論ぎろん　의논, 논의
- 会議かいぎ　회의

競

음 : キョウ　ケイ　　훈 : きそう　せる

- 競争きょうそう　경쟁
- 競技きょうぎ　경기
- 競馬けいば　경마
- 競輪けいりん　경륜, 자전거 경기
- 競きそう　다투다, 겨루다
- 競せる　다투다, 경쟁하다

響

음 : キョウ　　훈 : ひびく

- 音響おんきょう　음향
- 影響えいきょう　영향
- 響ひびく　울리다, 울려 퍼지다

懸

음 : ケン　ケ　　훈 : かかる　かける

- 懸賞けんしょう　현상(상금을 걸고 찾거나 모집함)
- 一生懸命いっしょうけんめい　열심히
- 懸念けねん　염려, 걱정
- 懸かかる　드리우다
- 懸かける　걸다, 걸치다

護

음 : ゴ　　훈 : –

- 護衛ごえい　호위
- 保護ほご　보호

鐘

음 : ショウ　　훈 : かね

- 警鐘けいしょう　경종(주의나 충고)
- 鐘かね　종

譲

음 : ジョウ　　훈 : ゆずる

- 譲歩じょうほ　양보
- 謙譲けんじょう　겸양(자신을 낮춤으로써 상대편을 높이는 말)
- 譲ゆずる　물려주다

籍

음 : セキ　　훈 : –

- 書籍しょせき　서적, 책
- 戸籍こせき　호적

騰

음 : トウ　　훈 : –

- 急騰きゅうとう　급등
- 沸騰ふっとう　물이 끓음

欄

음 : ラン　　훈 : –

- 欄干らんかん　난간
- 空欄くうらん　공란, 빈칸

21획 한자

顧

음 : コ　　훈 : かえりみる

- 顧慮こりょ　고려(다시 돌이켜 생각함)
- 回顧かいこ　회고, 회상
- 顧かえりみる　뒤돌아보다

鶴

음 : –　　훈 : つる

- 鶴つる　학
- 折おり鶴づる　종이학

魔

음 : マ　　훈 : –

- 魔法まほう　마법
- 邪魔じゃま　방해

躍

음 : ヤク　　훈 : おどる

- 躍動やくどう　약동(생기 있고 활발한 움직임)
- 躍起やっき　뛰어 일어남, 기를 씀
- 飛躍ひやく　비약
- 躍おどる　뛰어오르다, 뛰다

露

음 : ロ　ロウ　　훈 : つゆ

- 露出ろしゅつ　노출
- 露店ろてん　노점
- 披露宴ひろうえん　피로연
- 露つゆ　이슬

22획 한자

驚 음 : キョウ　훈 : おどろく　おどろかす

- 驚異きょうい　경이
- 驚嘆きょうたん　경탄(몹시 놀라 감탄함)
- 驚おどろく　놀라다, 경악하다
- 驚おどろかす　깜짝 놀라게 하다

襲 음 : シュウ　훈 : おそう

- 襲撃しゅうげき　습격
- 世襲せしゅう　세습
- 襲おそう　습격하다

籠 음 : ロウ　훈 : かご　こもる

- 灯籠とうろう　등롱
- 籠かご　바구니
- 籠こもる　가득 차다, (감정 등이) 담기다

초급·중급 한자 색인

8획 한자

9획 한자

10획 한자

11획 한자

완벽하게 소화하는
일본어 한자 -시험 대비 일본어 편-

초판 1쇄 발행일 2015년 1월 9일

지은이 최은준
펴낸이 박영희
편집 배정옥 · 유태선
디자인 김미령 · 박희경
인쇄 · 제본 AP 프린팅
펴낸곳 도서출판 어문학사
서울특별시 도봉구 쌍문동 523-21 나너울 카운티 1층
대표전화: 02-998-0094/편집부1: 02-998-2267, 편집부2: 02-998-2269
홈페이지: www.amhbook.com
트위터: @with_amhbook
블로그: 네이버 http://blog.naver.com/amhbook
다음 http://blog.daum.net/amhbook
e-mail: am@amhbook.com
등록: 2004년 4월 6일 제7-276호

ISBN 978-89-6184-358-4 13730
정가 18,000원

이 도서의 국립중앙도서관 출판예정도서목록(CIP)은 e-CIP홈페이지(http://www.nl.go.kr/ecip)와
국가자료공동목록시스템(http://www.nl.go.kr/kolisnet)에서 이용하실 수 있습니다.
(CIP제어번호: CIP2014037511)